얼음 시계

이채우 시집

책펴냅열린시

• 본 도서는 2025년 부산광역시, 부산문화재단 〈부산문화예술지원사업〉으로 지원을 받았습니다.

이채우 시집-가슴에 내리는 시 156

얼음 시계

지은이 이채우
펴낸이 최명자

펴낸곳 책펴냄열린시
주소 (48932) 부산광역시 중구 동광길 11, 203호
전화 010-4212-3648
출판등록번호 제1999-000002호
출판등록일 1991년 2월 4일

인쇄일 2025년 6월 01일
발행일 2025년 6월 03일

ⓒ이채우, 2025. Busan Korea
값 12,000원

ISBN 979-11-94939-00-9 03810

• 저자와 협의하여 인지를 붙이지 않습니다.
• 잘 못된 책은 바꿔 드립니다.
• 이 책의 내용 중 일부 또는 전부를 저자 및 출판사의 동의없이 사용하지 못합니다.

□시얀의 말

동백섬 해풍이 산책로를 달린다
바다가 파도를 움켜쥐고 갯바위에서 털고 있다
멍든 갯바위는 하얀 한숨을 토한다
인고의 시간을 보내며 바닷새들에게 쉼터를 내어준다
깊이와 넓이를 알 수 없는 바다
허공에서 날갯짓하는 갈매기에게 묻는다
수평선 끝은 어딘가요?

2025년 5월
해월偕越 이채우

차례…4
시인의 말…3

제 1 부 얼음 시계

얼음 시계…10
기장 바닷가…12
바라밀다波羅密多…14
폐교…16
피아골 억새…18
그리움이 불타다…20
지붕…21
상사화…22
여행을 떠나다…24
파미르고원…26
심야 고속버스…27
이사…28
고구마 마력…30
액자 속 여인…32
오디나무 햇살…34
정동진 일출…35
사랑은 구멍 난 돛단배다…36
눈에 든 구룡연…37

기도하는 멸치…38
여백…39
단풍 든 눈물…40

제 2 부 강물의 이력

강물의 이력…42
한 사람 빈 자리…44
여름 대숲…46
새벽길에서…48
간헐천…50
적정…52
구두의 꿈…53
호미…54
닫힌 문 닫고…55
홍매화를 보며…56
흔들리지 않는 사랑…57
드러내는 속내…58
멀미하는 사랑…60
묘원 소나무…61
연가…62
사진 속에서…63
먼 길을 가다…64

월식…65
돌아올 수 없는 길…66
손을 잡다…68

제 3 부 낙타를 찾다

낙타를 찾다…70
사막을 걷는 초침…71
오아시스 가는 길…72
남해도 물건리 노을…74
노을 따라…76
마늘의 노래…77
비 내리는 풍경…78
지키지 못한 약속…80
망미동…82
남섬에서…83
세일 책방…84
먹이사슬…85
날개…86
불면인 사랑…88
봄 손맛…89
선착장 간이역에서…90
붕어빵…91

묵은 삽…92
하롱베이 교향곡…93
지족 나루터…94
어머니의 베틀 소리…96

제 4 부 개미누에의 푸른 멀미

개미누에의 푸른 멀미…98
고욤나무꽃 · 2…99
적소謫所…100
상생하는 못…101
금송리 징검다리…102
렌즈를 갈아 끼우고…103
어머니가 두고 간 호미…104
낙타 눈물…106
풀은 말한다…108
창포꽃 필 때…109
바이칼 무속 산책…110
파도와 언어…111
절정…112
노을 바다…113
눈물 젖은 노래…114
노을 속 단풍잎…115

죽방렴 멸치를 뜨다…116
서리꽃 사랑…118
마트료시카 인형…120
황산 바람…122
떠나버린 것들…123

□해설/박제된 시간을 찾아서-강영환…124

제 1 부

얼음 시계

얼음 시계

바람 소리에 귀를 기울인다
바람은 허공이 간직한 맥박이다
벗어놓은 시간이 바람 등을 탄다
북극을 향해 날개를 편다
부산이 소실점으로 남는다
북극곰을 만나서 걸음을 멈추고
겨울잠을 잔다

잠에서 깨어난 시계가
해빙 바람 타고 남극으로 간다
추위를 안고 설원에 발 디디고
잠든 대륙을 깨운다
잠에서 잃어버린 시간을 찾아
블리자드*를 마주하며
펭귄을 데리고 빙하를 뒤진다

시간은 결빙된 태허太虛를 뛰어넘는다
우주에 얼굴 숨기고
어둠과 빛을 품고 보이지 않는 블랙홀로
소리 없는 소리를 내지르며

밤낮을 바꾸는
별빛 머금은 얼음 시계다

*블리자드 : 남극에서 빙관氷冠으로부터 불어오는 맹렬한 강풍

기장 바닷가

오가는 밀 없는
기장 빈 바닷가
수평선 바라보는 홀로 선 해송과 마주한다
날개 세우고 다가오는 괭이갈매기
날개로 허공에서 노를 젓는다

들려오는 바람과 파도 소리
초승달 머리에 인 수평선 넘어 배 한 척
소실점으로 간다

어둠 깃든 바닷가에 파도가 달려든다
갯바위 온몸에 피멍이 든다
통증을 참고 자리를 떠나지 않는
침묵을 다독이는 바다
깊은 속내는 알 수 없지만
넓은 가슴을 마다하지 않는다

수평선에서 밀려오는 파도
푸른 동백 그림자를 짙게 물들이고
초승달이 해송 가지에 목걸이를 건다

봄은 소리 없이 눈썹 달빛 머금은 백사장에
흔적 없는 발자국을 찍는다

바라밀다 波羅密多

강물 숨 고르는 곳에 나루터가 있다
눈에 강물이 찬다
강바람이 한숨을 긁어낸다

나룻배가 나를 물끄러미 본다
물결이 배 바닥을 흔들며
노를 백발 사공에게 내민다

안개 자욱한 강 건너 피안으로 향한다

강이 흘린 눈물이 뱃길을 연다
이 언덕을 넘어
저 언덕에 닿으려고 노를 젓는다

이어지다 끊어지는 물길
허공을 뛰어오르는 은어 떼 손짓에
눈시울 적시고 돌아본다

누구나 건너야 할 강 건너 언덕
이승 바람으로 출렁이는 굽이진 끝자락에

홀로 졸고 있는 어둠 속 등불 하나
차가운 빈손으로 건너오는 발걸음 기다리며
잠 못 들고 불 밝히는 그대는
얼굴 없는 바라밀다波羅密多*인가

*바라밀다:불교 용어. 현실의 태어나고 죽고 하는 괴로움으로부터 모든 괴로운 번뇌와 고통이 끊어지는 경지인 열반의 피안으로 건너간다는 뜻을 의미한다.

폐교

파도 등을 타고 개나리 떠나버린 섬 분교
빈 운동장엔 개나리 대신 풀꽃이 뛰논다
얼굴 내미니 야생화가 이방인 대하듯
뚫어지게 눈 맞춘다
현관문 벽시계는 괘종 울리는 것도 잊은 지 오래
파도 소리 속에 겨울잠을 자고 있다

눈 감은 교실엔 아이들 발걸음 사라지고
먼지 낀 창 너머로 사라진 까만 눈동자
해무海霧가 숨긴 행선지를 알 수 없어
길 잃은 파도가 파닥거린다
뱃고동 소리에 갯내 머금은 아이들 말소리가
교실에서 소리를 잃고 바스락거린다

웃음 사라진 느티나무 그늘
풀죽은 햇살이 가지에 앉아
아이들이 놀다 간 녹슨 미끄럼틀을 내려다본다
그네 모퉁이에 홀로 흰 구름 바라보는 앉은뱅이 꽃
파도와 바람이 놀러 와
소꿉장난하며 긴 하루를 녹이고 있다

그림자 사라진 학교에 어둠이 내리고
달빛은 어린 발자국과 숨바꼭질한다

피아골 억새

발길 끊긴 피아골 억새 지붕에
반세기 시침이 멈추어 서 있다
눈보라가 혀를 차게 하는 날
노인은 땔감 찾아 가파른 불무장등을 오른다
나뭇짐을 짊어지고 내려오다
쉼터에서 지게를 세운다

머리카락에 하얀 꽃송이 달고
바삐 어디론가 가파른 길 오르는데
눈이 오솔길을 지우자
지팡이가 사라진 길을 더듬는다
낯익은 길 끝에 앉아 봉분을 껴안자
기역 자 허리가 펴진다

'할멈이 날 여길 데려왔구려
 얼굴 가리고 솜이불 두껍게 덮고 잘 지내는 군
 내가 피아골을 떠나지 못하는 건
 해마다 눈 덮인 억새 지붕 올라갈 때
 사다리 잡아주던 그대 따뜻한 손이 남아 있기 때문
이네

천년 약속 술 한 잔 올리니
따시게 속 데우고 꽃구경하며
기다리고 있으소'

봉분 억새가 머리 끄덕이며 머물렀던 골짜기
물소리 파편을 하나씩 떨어뜨린다

그리움이 불타다

노을 뼈가 사막 바다에서 불화살을 당긴다
팔월 두바이, 하오 불볕으로 모래가 들끓는다
노을이 낙타 등에 내려앉는다

황량한 벌판에 목말라 홀로 서서
선혈 토하는 선인장 울음에 얼굴이 붉다
잎에 바늘로 울을 친 열사熱砂의 꽃
눈길마저 주지 않아 속앓이만 한다

빛과 어둠이 교차하는 지구별
더위와 추위가 흔드는 깃발에 구름이 펄럭인다
연리지로 뿌리내리지 못한 나그네
볼 수도, 만질 수도, 손바닥으로
가릴 수 없는 상흔들을 모래 속에 묻는다

입술 마른 낙타가 오아시스에 걸음을 멈춘다
타는 목을 축인다
홍조 띤 얼굴은 지평선에 초점을 맞춘다
모래바람이 불어온다
서녘이 붉게 물든다

지붕

초가지붕 오므린 햇살이 뛰어내린다
참새가 멍석에서 물고 떨어뜨린 볍씨 하나
빗질한 이엉에 누워 일광욕을 즐긴다

몸을 비튼 비가 지붕을 파고든다
짚 더미를 덮고 겨울잠에서 깬 볍씨
목축이며 푸른 싹 틔운다

가을 햇볕 가두고
황금알 단 벼가 고개 숙이자
지붕에 날아오른 참새
다문 입이 벌어진다

상사화

이승에서 이룰 수 없는 사랑인가
붉고 푸른 길로 어긋나
향기 잃고 열매도 맺지 못한 채
만날 수 없는 선을 달린다

푸른 잎 지고 붉은 꽃 피는
숨바꼭질로 벽을 넘어
요단강 건너와 붉게 핀 사랑

해변 노송 아래 홀로 서서
맺을 수 없는 인연
목 놓아 불러본다
메아리 없는 바다
꽃대에 걸터앉은 그리움이
수평선을 향하여 붉은 깃발을 단다

장미꽃 웃음이 유혹한다
그리워하는 눈에서 허우적거린다
사랑이 꽃으로 피어난다
꼭 한번 안고 싶은 사랑

족쇄로 채워진 눈물, 바다에 내려놓고
노을 지는 붉은 파도 등에 업혀
수평선 너머 닿지 못하는
푸른 사랑 위해 돛을 단다

여행을 떠나다

구름 타고 파도 밟아 건너온 길
어둠을 깎아 빛을 불러도
그 시간으로 돌아갈 수 없다

푸른 숨 쉬다 멎으면 마지막 닿을
빨간 불 켜져 있을 종착역
한 줌 잿빛 가루로 묻힐
포근한 땅이 어디쯤 기다리고 있을까

짧고도 긴 여행길 발자취
때론 뿌리 깊은 생각의 숲에 갇혀
앞에서 손짓하고 부르던 가슴소리를
보지도 듣지도 못했다

종착역 앞두고 간이역에서 발걸음을 멈춘다

지울 수 없는 굴곡진 추억 행렬이 이어진다
웃기도 울기도 했던 지난 길목 파편들
짜릿하고 울컥했던 선율이 오선지 타고
닫힌 가슴을 열고 들어올 때

눈을 지그시 감는다

이젠, 어디론가 길을 떠나자
물결치는 대로 떠나는 게 아니라
하얀 목련 꽃잎 열고
다가오는 파도 속으로

파미르고원

초록빛 사라지고 잿빛으로 물든
파미르가 하늘과 맞닿는다
히말라야 산줄기들이 병풍으로 둘러싸인 고원
햇볕과 비와 흙이 농사를 짓고
농부는 바람 손짓에 따라 움직인다
태양이 자리를 비우는 동안
땅을 찢는 눈보라가 몰아친다
풀과 나무들이 엎드린다
갈증과 추위에 떨고 있던 야크 무리
몽땅한 꼬리를 쉴 새 없이 흔들어댄다
만년설이 파미르 머리에 흰 두건을 두르고
구름이 하얀 머리카락을 풀어 헤친다
타르쵸가 잠에서 깨어나지 못하는가 보다

심야 고속버스

어둠이 정차하지 않는 고속버스터미널
낯선 불빛들이 가로등 속으로 숨어든다
기다림을 썰어놓고
강남 바퀴 소리를 기다린다
그때, 빛을 찢고 모여든 은행잎 물결
초조해하는 발등 적시고
그리움 찾아가는 노란 발자국 난분분하다
잎들이 거리 모퉁이를 돌아설 때
막차가 호출한다
어둠을 구겨 신은 막차는 왕방울 눈으로
하행선 도로를 찢으며 달린다
엔진 소리에도 고단한 육신들
자장가 삼아 잠과 숨바꼭질한다
노포 터미널은 잠에서 깨어나고
막차는 빗장 건 어둠을 푼다
부화하지 못한 아침이 산란한다
햇귀가 수평선 심지에 불을 붙인다
막차는 눈썹 밀어 올리고
물든 그리움을 눈에 넣는다

이사

버리고 떠나는 이사일까
한 가족으로 울고 웃던 동설화
홀로 남겨두고 떠나는 이사
길 위엔 찬 서리가 내린다
내 가슴에 처음 그늘지는 이사
실려 가는 짐만이 내 속을 알까
석양 바라보며 가는 이사에
피멍 든 손때 묻은 파편들이
가슴을 열고 나온다
동설화와 함께했던 일기예보들
데리고 갈까
아니면, 버리고 갈까
그냥 두고 가자
새벽이 오면 어둠이 어디론가 사라지듯이

소용돌이치는 상흔들을 남겨둔 채
지그시 눈을 감고 현관문을 닫는다
버리고 싶지 않은 것들 남겨두고
어디론가 빈 가슴으로
거친 들판으로 홀로 가야만 하는가

두고 온 동설화 언 땅 녹이고
꽃망울 내밀면
버려둔 그늘들 만나러 가리다

고구마 마력

붉은 봄비가 진달래 목젖을 적신다
목련 가지가 그려놓은 음표 위에
앉은 까마귀 한 마리, 토요일 오정
청승맞은 울음에 고막이 젖는다

시장기가 고구마를 부른다
대소쿠리에 안겨 온 상기된 얼굴들
솥으로 들어와 서로 몸을 포개고 누운 채
레일 없는 철로 위를 들썩거리며 반 시간을 달린다
붉은 얼굴 실은 열차는 종착역에서 하얀 숨을 멈춘다

하차한 고구마 소쿠리에서 땀을 식힌다
땀방울 닦고 식탁으로
걸어오는 고구마, 붉은 겉옷 살며시 벗기고
감미로운 속살에 혀를 넣는다

한 몸이 되는 순간,
고구마는 풀피리 불던 고개를 넘는다
초가집 처마 거미줄에 걸린
그리움과 주름살을 걷어낸다

하얀 웃음으로 다가오는 목련에
울던 까마귀 하얀 치아 드러내고
봄을 노래한다
비에 젖은 봄이 꽃으로 출렁거린다

액자 속 여인

어둠 숨죽인 거실 전원을 켠다
팔짱 끼고 웃고 있는 여인
유리 벽을 걸어 나온다
입김이 볼에 닿자, 눈썹이 젖는다

아른거리는 리펄스 베이 백사장*으로 간다
틴하우 사원에 서 있는 쿤암과 틴하우 여신
화려한 굳은 얼굴로 바다를 내려다본다
파도는 잠자고 물고기는 여행 떠나고
갈매기는 날지 않는다

차가운 액자 속 얼굴을 어루만지며
응어리진 가슴을 푼다
먹물 먹은 밤이 익어간다
어둠이 빛에 부딪힌다
붉은 입술이 말을 걸어온다
볼 수도 없는, 숨을 쉴 수도 없는
저 어둠의 벽을 무너뜨리고
눈을 뜨게 하는 빛 한줄기를
빛을 가두면 사라지는 액자 속 얼굴

전원 들기를 기다린다

* 홍콩에서 가장 접근성이 좋은 고급 아파트 단지들이 있는 해변으로 고운 모래를 밟으며 석양을 감상할 수 있다

오디나무 햇살

남녘 빈집 뒤란에 홀로
집 지키고 서 있는 오디나무
당신이 없어도 당신뿐이다

나뭇가지로 햇살이 모여든다
그대 골반을 감싸고 있는
찢어진 검은 치마 틈에 드러난
허벅지 속살이 떨고 있다

잠 깬 아침 이슬에 서리어 가지에 매달려
햇살 머금은 눈부신 푸른 오디들
바람과 입맞춤하며
햇살 거두어 검붉게 익어간다

가만가만 손짓하면 가지는
잔뼈로 단단한 허공을 뚫고 나와 상처 난 골반 살점을
한 점, 한 점 뜯어 가계 연대표를 만든다

빈집 지키는 뽕나무
당신이 있어도 당신뿐이다

정동진 일출

모래가 숨 고르는 정동진 새벽 바다
늦가을에 찾아온 파도가 귀를 때린다
백사장에 스며드는 등 굽은 포말은
잠든 해변 도로를 깨운다
근육 오른 파도에 모래성은
집으로 돌아간다
사라진 모래성이 시계추를 멈추자
파도가 걸음을 주춤거린다
어둠에 찢긴 추억들이
일렁이는 수면에서 수런거릴 때
은은한 달빛은 속살로 스며들고
은빛 물결은 그리움을 낳는다
부서지는 바다에 건축할 수 없는 약속은
가슴에 멍든 응어리를 풀지 못하고
일어섰다가 앉기를 반복한다
어둠을 밀어낸 일출이
손으로 먼 수평선에서 얼굴 내미는
햇귀를 잡아당긴다

사랑은 구멍 난 돛단배다

지족 부두에 검은 비가 내린다
어둠 내린 눈 속에서 몸을 푸는 돛단배
옷깃 여민 돛은 소슬바람에
핑크빛 자락 늘어뜨리고
익숙한 갯내에 긴 호흡을 삼킨다
텅 빈 항구
그녀 향기가 허공을 쓸고
손에 잡히지 않는 머리카락은
파도를 딛고 배에 오른다
물비늘 사이로 흩어지는 그녀 모습
소용돌이에 휩쓸려 몸을 뒤튼다
이명을 깨우는 뱃고동 소리에
눈물방울이 맺힌다
포말로 사라진 얼굴
메아리 없는 키 큰 파도의 반란
눈 감고도 마주할 수 없는 내 사랑은
처연한 쓸쓸함만 맴도는
구멍 난 돛단배다

눈에 든 구룡연

천선대 표정이 안개빛이다
허공에 걸린 시계視界를 벗어난 외금강이
내 눈에 침몰한다

눈썹이 물길을 튼다
짧은 듯 긴 물줄기가 길을 낸 상팔담
아홉 마리 용이 내뿜는 실타래가
거품 되어 구룡연 갈피 갈피에 몸을 담근다

바위 타고 흐른 땀방울이
폭포에 디운 발 적시고
관폭정 골바람이 쉼 없이 부채질하지만
붉은 얼굴은 파래지지 않는다

흩날리는 물보라 머리카락 사이에
수채화 한 폭이 걸린다
물길 검푸른 구룡연에서
수억 년 숨결이 귓불에 매달리고
뛰어내리는 물방울에
걸음 잦은 이명이 숨을 죽인다

기도하는 멸치

민물과 갯물이 몸을 섞는 금송 선착장
갯내 머금은 하얀 머리카락이
해풍에 일렁인다
강진만 모여 있던 바람은
손도 해협으로 몰려오고
해협에 내려앉은 노을은
바다에 가을 산을 담는다
황금빛을 삼킨 멸치
발통에서 몸을 움츠린다
몸부림치면 칠수록 비늘은 떨어져 나가고
동공은 출구를 찾지 못한다
눈꺼풀 무거워진 얼굴
뜰채 든 어부 발소리에 귀를 열고
눈동자를 굴린다
죽방 자궁 속에서 묵도하는 멸치
그물 쪽자에서 벗어나려는 꼬리지느러미에는
노을빛 땀이 옥로로 맺힌다

여백

안개 속으로 몸을 감춘 금정산
눈에 밟히지 않는 희미한 길을 오른다

홀로 내딛는 발걸음 사이 여백은
고개 숙인 그림자로 남는다

변하는 계절이 큰 걸음을 뗄 때마다
입맛은 혀끝을 마르게 하고
목젖을 적시는 물맛은 씁쓸하다
한 걸음 앞을 보는 초점이 흐려지고
가슴엔 노을빛 파도가 일렁인다

계절에 따라 변하는 얼굴 색깔에
눈이 아프다

산길에 걸음을 묶고 심호흡을 해봐도
채워지지 않는 가슴
빗장을 풀어 놓고
널브러져 있는 시간을 불러본다

단풍 든 눈물

지나온 길이 가을 산 정원으로 간다
나뭇잎이 마지막 붉은 함성을 토한다

떨어진 굴참나무잎 하나
나뭇가지 사이를 들락이는 골바람에
날고 싶은 꿈이 생긴 지 오래다

소슬바람이 걸어온다
바람 등에 업혀 능선을 넘는다
노랑나비가 된 단풍잎
눈썹 깨무는 따가운 석양에 날갯짓 멈추고
나뭇잎이 떠나는 뒷모습을 본다

날개를 접고
서리 맞은 나무들이 모여 사는 마을에 이른다

산 너머 해수 기침 소리가 들려온다
어둠 속 파란 냉기가 가슴에 스며든다
달빛이 허공에 울림 없는 한숨을 긁어낸다
날개 편 가을은 눈시울이 붉게 젖는다

제 2 부

강물의 이력

강물의 이력

용솟음치는 물결을 등에 업고
낮은 곳으로 간다
바다를 향해 가슴에 맺힌 응어리를 풀고
갈대가 발목을 담글 수 있게
씨앗이 강가에서 움트도록
구부러진 물길을 따라간다

먼 구비에 지쳐도
꿈을 내려놓는 법 없이
잉어가 물고 간 소화되지 않은 달빛을
강둑에 쌓아 올려 어둠 밝히며
끝나지 않는 물길을 당긴다

날개 젖지 않은 새 그림자 오가는
폐쇄된 나루터에서 잠시 눈을 감는다
오지 않는 배를 기다리며
피안의 너와 손잡을 수 없다면
햇살 품은 바다를 만난다 한들
누가 타는 가슴을 적셔 줄까

끝내 바다 품에 안겨
물결쳐 모래성을 다시 쌓고
사구에서 눈망울 붉게 터뜨리는 꽃
강물이 핀 해당화다

한 사람 빈 자리

남해 어느 섬마을
길림성에서 온 조선족 총각과 섬 처녀
수평선 눈에 넣고 쪽빛 바다 마시며
갈매기 주례로 결혼한 두 사람
두 해도 안 되어 사내아이 하나 놓고
폐결핵으로 아내는 먼 길 떠났다

돌아올 수 없는 연인 가는 길
산다화 꽃망울 터뜨리고 햇빛 속삭이는 새섬
등에 업힌 아기 울음은 그치지 않는다
파도는 몽돌을 부여잡고 하얀 슬픔을 토하고
먹구름은 섬에 검은 소낙비를 뿌린다

고기잡이로 가슴에 맺힌 멍을 물거품에 씻으며
고깃배에서 보내던 시간
어느새 갑년이 되어 잔치 베풀던 날

눈물 감추던 아버지
아들이 웃음 지으며 꽃다발로 다가와도
며느리가 앳된 웃음 보여도 눈썹에 이슬이 맺힌다

오로지 한 사람 빈 자리가
할멈 떠난 바다다

여름 대숲

1.
햇살이 댓잎에 산란한다
매미가 울리는 정오 사이렌이
달팽이관을 두드린다
점심시간이라고 뱃속에서 출렁인다
푸른 그늘이 대나무 사이로 흘러내린다
이마에 머물렀던 구슬들이 떨어진다
그늘 덮고 있는 평상이
부르는 소리에 걸음을 옮긴다
감자가 땀 흘리며 찾아온다
소쿠리에 담긴 어머니 지문이
내 손을 깍지 낀다

2.
달빛이 대숲 뚫고 불을 밝힌다
물바가지에 달이 뜬다
달을 마신다
돌담 배롱나무꽃이 밤을 태운다
개구리 노래가 무논에서 튀어나온다
뻐꾸기 노래가 우듬지에서 돋아난다

더위 먹은 쟁반 옥수수가 이슬에 젖어
잠든 대숲 바람을 깨울 때
신발 없는 어머니를 부른다

새벽길에서

어둠의 옷을 벗기고 들어서는 여명이
수평선 햇귀를 부르는 소리에
내 왼발은 깨어난다

늘 그랬듯이
한 번도 거르지 않고
다른 옷을 입고 찾아온다

왼발이 설렘 끝에 나서려고
푸른 신호를 기다리는 발끝에
오른발이 붉은 신호등을 잡고
두리번거린다

왼발이 내딛는 첫걸음이
눈보라 몰아치는 거리에서 추위에 떨까
잘못된 길에 장미가 꾸던 꿈을
건져 올릴 수 있을까

왼발이 여명 속을 내디딘다
닫힌 문이 열린다

해가 얼굴을 내민다
긴 망설임이 꼬리를 내리고
넓은 광야가 펼쳐진다
거리가 눈을 뜬다

간헐천

마오리 민속 마을 뒤편
분화구에서 솟구쳐 오르는 테푸이아 간헐천
곳곳에서 뿜어대는 유황 냄새가 코를 찌른다
억겁의 지구 나이테가 살아 움직이는
검은 신비 속으로 빨려든다

진흙 열탕이 끓는다
옥빛 물 위로, 널브러져 있는 바위 틈새에도
쉼 없이 수증기가 솟아오른다
치솟는 분수와 구름이 한 몸이 된다
이마에 땀방울을 달고 구름 위를 걷는다
젖은 발걸음은 옷까지 젖게 한다
파란 하늘이 잿빛으로 물든다

길섶에는 마누카 나무들이 늘어져 있다
피어있는 마누카꽃에 벌들이 오가며
땀방울 맺힌 날개로 꿀 농사를 짓고 있다

수억 년 살아 숨 쉬는 지구별 한쪽에서
살고 있는 마오리족

공연장에서 하카와 포이 춤으로
그들의 시간을 간헐천에 묻고 있다

적정 寂靜

덕항산* 어둠 속 굴피집 불빛
바람이 탄주彈奏 하는 슬픈 가락에
지친 발걸음이 머뭇거릴 때
눈에 등불을 들인다
숨죽여 타오르는 뒤란에 핀 산수유 눈물 빛
내 하얀 가슴에 불을 지핀다
발자국이 걸어 온 동해에 쪽배 띄우고
눈 감으니, 꽃무지개 피어난다
웃음 띤 얼굴
멀리서 가까이 들려오는 발걸음에
졸고 있던 밤길이 눈을 뜬다
귀 밝히고 어둠 깔린 땅에 앉을 때
초승달이 동공에 꽃을 켠다
기다리는 목소리가 그림자로 다가온다
어둠 떼어놓고 가벼워진 등불
짓누르는 무게 태우는
가슴 다독이는 고요다
덕항산에 파도가 친다

*삼척시 신기면 대이리에 있는 1,073m의 산이다. 약 12km 길이의 무릉천이 이 산에서 동으로 계곡을 따라 흘러 오십천에 이른다. 환선굴이 있다

구두의 꿈

먼지 털어 낸 구두가 현관에서 아침을 푼다
두 발을 집어넣은 움직이는 행성이
검은 살 근육질로 박힌 도로를 걷는다
홀로 찾아갈 수 없는 눈먼 길을
주인과 호흡하며 목적지를 찾아간다
길 위에 남긴 발자국
찍힌 무게로 언어가 머문 시침을 재고
짓눌린 뒤꿈치에는 피멍이 든다
아직 걸어갈 길은 끝나지 않았다
더 가야 할 시간이 기다리고 있다
파김치 되어 잠에 빠진다
꿈에서 깨어난 한밤
몸통은 실금이 주름살로 자라고
발바닥은 갈라져 물에 젖어도
앙다물고 목적지를 향해
문밖에서 먼지 털어 내고
새벽을 기다리는 구두의 꿈
먼지 낀 구두가 현관에서 어둠을 묶는다

호미

호미는 어머니 손이다
손끝은 지심*과 눈 맞춤하면
손등은 아끼지 않고
제 살을 흙에 밀어 넣는다

언제부터인가
손길 잃은 호미가 헛간에
주먹 편 채 누워 있다가
뽑힌 지심 속으로 숨어 갔다

비바람 몰아치는 새벽
싸리문 밖 남새밭에서
어머니 지심 매는 소리가 들린다

문 밀고 나서 보니
온몸에 비를 맞고 서 있는
어머니 손에 익은
때 묻은 호미였다

* '지심 매는'은 '김매는' 남해의 방언

닫힌 문 닫고

스펑나무 뿌리가 타프롬 사원에
발가락을 늘어뜨린다
돌담 벽에 보아구렁이로 걸터앉아
석재를 휘감고
틈을 내준 벽은 소리 없이 무너진다
사원을 통치하는 스펑나무
서슬 퍼런 얼굴에 주눅 든 흔적에는
검은 피멍이 얼룩졌다
나이테도 주름진 고목은 승천을 꿈꾸는지
솟구친 우듬지가 허공에 매달렸다
거대한 뿌리에 견디지 못한 벽돌은 널브러져
키 큰 담장만 올려다본다
먹구름이 몰려온다
내려앉은 구름에 사원 지붕이 가라앉고
예고 없는 회오리에 나뭇가지가 몸부림친다
검은 빗방울이 '통곡의 방' 빗장을 푼다
크메르 왕국 천년 울음이
방문객들 걸음을 붙들고 있다

홍매화를 보며

통도사 자장매에 꽃망울 맺힐 때
꼭 한 번 보고픈 얼굴
부르고 싶은 이름 있습니다

봄이 산봉우리 하얀 베레모를 벗기고
휘파람새가 구름 타고 매화 가지에 앉아
돌아오지 않을 연인을 목 놓아 부를 때
꽃들이 그리움 품고 줄을 잇습니다

시침이 갈라놓은 이별의 무게에 짓눌러
꽃들 웃음을 멀리한 채
병상 일기에 꽂힌 책갈피에서 눈을 떼지 못하고
어둠 속에서 길을 찾지 못할 때
꼭 한번 부르고 싶은 아픈 이름

애오라지
꽃봉오리로 보고픔을 달래고 있을 때
그대는 숲속 그늘이 낸 창을 뚫고
꽃망울 터뜨리며
환한 얼굴로 가지에 맺힙니다

흔들리지 않는 사랑

소한에 울부짖는 가족
귓바퀴를 스쳐 가는 소리가 아니다
달팽이관을 흔들어댄다, 아내와 아들과 며느리가
흔들린다, 하늘과 땅, 기둥뿌리가
이승을 떠난단다, 사업 자금이 모자란 아들이
눈물을 뿌려댄다, 남편 살려달라고 며느리가
울어댄다, 엄마 아빠 살려달라고 손주들이
달랑 남은 기와집 한 채에
남은 식솔들이 매달린다
아들 살리려 기둥뿌리 뽑아 이혼하고
자식과 동거하다 빈손 되어
오갈 데 없어 전전긍긍하는 아내
굵어모은 여생을 판잣집에 기댄 채
속앓이로 우울증 사슬에 묶여
아내 돌아오기를 손꼽아 기다리다 숨 멎은 남편
머리맡에 놓인 눈물 메모
"당신을 위하여 집 하나 준비해 두었소"
남편 온기 베인 구들장이 군불을 지핀다

드러내는 속내

중대물빛호수*에 노을이 일렁인다
수면 위에서 발가락 세우는
가마우지 눈빛이 붉다

호수 둘레 한 바퀴 돌리고 나니
어둠에 허기진 배가
한나 낙지 식당으로 발걸음을 이끈다

'속내 보이지 않는 어처구니없는 그대여
 속을 드러내놓을 때까지 기다리겠소
 달빛 낡은 가마우지가 어둠 밀어내고 부르는 연가
 바코드로 찍힌 때죽나무 가지에 피어있는 꽃잎이
 연리지 사랑 머금고
 그대 부르는 소리가 들리지 않소
 올이 풀리지 않는 실타래 던져놓고
 호수에서 안개꽃 피우며
 속을 드러내지 않는 그대는'

낙지가 불판에서 몸을 폈다 움츠린다
매운 저녁이다

토막 난 낙지가 위에 갯벌인 양 파고든다
 땀방울은 이마에서 미끄러지고 맞은 편 낯익은 그림자는
 눈길 한번 주지 않는다

*중대물빛호수:경기도 광주시 중대동 92에 있는 수변공원

멀미하는 사랑

소양강 바람이 물빛에 낙서한다
유람선 한 척 흔들리며 멀미를 호소한다
선장 이마에 물결이 일렁인다
파이프에 연기가 피어나자
저음으로 뱃고동을 울린다
눈 안에 차오르는 호수에서
먼 길 떠난 연인을 찾는다
배가 물결 위를 걷는다
호수에 앉은 하늘 어딘가에 있을
물빛 얼굴은 한참 기다려도 떠오르지 않는다
내 그림자를 호수에 내려놓고 떠난다
그 연인과 함께했던 설레는 천도호*로 간다
천 개가 넘는 섬이 황금색 벨트를 매고 반긴다
내 사랑법은 아직도
오룡도에서 기석도로 오가는 출렁다리에서
손을 맞잡고 멀미하고 있다

*천도호는 중국 신안강(新安江)의 하류에 인공으로 조성한 댐 2011년 "신안강과 부춘강(富春江) 천도호" 기획을 시작, 천도호 명소가 더욱 확대되었다. 1,078개의 푸른 섬이 산재해 있다고 해서 천 섬의 호수라는 의미로 천도호라 부른다.

묘원 소나무

섣달그믐 공원 묘원 입구
홀로 지켜 선 노송
노을에 얼굴 물들이고
한 해 문 닫는 곡소리 그친다

까마귀 울음을 몸에 두르고
비바람에 머리카락 부대끼고
눈보라 허리에 동여매고
이웃에 기대지 않고 홀로 서서
잠들지 못하는 봉분을 살핀다

뿌리 찾는 핏줄들 속눈썹이
노을이 전해주는 유언에 젖을 때
황금빛 잎에 머물렀던 햇살로 닦는다

연가

설레는 하오, 성불사에 갔다
뜨락에 봄을 동여맨 홍매화
꽃망울 목을 빼고 휘파람새를 찾는다

마주하던 눈빛 떠난 가슴앓이로
사람들과 멀어진 눈과 귀
젖은 바닥에 주저앉아
가슴에 피멍을 태운다

노을이 우듬지에 걸어놓은 바람
요사채에서 사그라들 때
산을 건너온 휘파람새가
묵은 가지에 내려앉는다

홍매화가 웃음 터뜨려
절간 어둠을 밝힌다
잠자던 바람이 일어나
풍경風磬을 흔든다
합장하는 휘파람새
매화 앞에 얼굴 붉히는 관세음

사진 속에서

비가 창을 열고 흐르는 하오
서랍 속 사진첩이 비를 맞는다
걸어 온 발자국을 복사한다

비 맞은 머리카락은 안개꽃으로 피어나고
장미 입술에 머문 오월은 푸른 향기를 세운다

한 번 담긴 붉은색은 시들지 않고
꽃잎 떠난 시간에도 벌은 움츠린 날개로 남아
동해선 기차를 타고 화원으로 간다

찍히지 않은 속내 감추고
겉모습만 보여주는 얼굴
끈 한 줄 놓지 못한다

페이지 넘기는 지문 사이로
먼 길 떠난 낯익은 눈동자가
사진첩 빗장을 풀고 온다
끈을 놓아버린다

먼 길을 가다

검은 옷자락이 금산을 덮는다
구름 타고 바다를 건너온 바람
달빛 스민 소나무에 앉는다

계곡 어둠 깨뜨리고 눈썹 적시는 숲속
팔색조 부르는 슬픈 노래에
비자나무도 잠 못 이루는 밤
걸어 온 발자국이 가야 할 길도
까마득해 파도 끝을 넘는다

실타래로 얽혀져 있는 길은
고개가 묶어놓은 어깨 위의 짐
하늘 머리에 이고 허공에 앉아
매듭을 풀지 못한 채 금산의 벽을 오른다

손잡고 가자던 보고픈 얼굴
눈 감고 부르고 싶은 이름
잡은 손 뿌리치고 돌아올 길
지우고 눈물로 떠나가 버린
닿을 수 없는 별에 머무는 동행

월식

1.
처음에 달을 파먹더니
마지막에 눈썹을 남긴다
검붉은 입술 자국에 떠 있는 하얀 조각배
멈췄던 노를 좌현으로 젓는다

2.
마당에 내려온 별들과 밥을 먹는다
입가심으로 능금을 먹는다
베어 먹은 자국이 드러난
하얀 속살, 그믐달이다
실눈으로 웃고 있는 느긋한 눈빛
숨겨진 어머니 미소다

3.
내 눈에 선글라스를 씌운다
어둠으로 들어간 하얀 얼굴
밤하늘 검붉은 공으로 변한다
빛이 다시 오길 기다린다

돌아올 수 없는 길

1.
마늘밭에서 땀 흘리시던 어머니
하얗게 핀 국화꽃 동산으로
꽃구경 가신 후

손주 눈물 꽃 떨어지고
목탁도 울었지요

나는 차마 그 꽃동산에 들어갈 수 없었지요

꽃향기가 사라질까 봐
꽃놀이에 방해가 될까 봐

2.
씨엠립 로얄 가든 나뭇가지에
거꾸로 매달린 박쥐 한 마리
땅이 하늘인 양 날다가
바닥에 부딪혀 부러진 날개
비상하지 못하는 갈색 몸짓

3.
하얀 머리카락 흩날리며
휘어진 들길 다니시며
굽은 등 펴지 못한 할머니
짊어진 등짐 지상에 내려놓고
허리 펴고 걸어온 길 지운다

손을 잡다

1.
푸른 장마가 남새밭에 찾아왔다
비 맞은 호밋자루에 어머니 지문이
쇠비름을 뽑고 있다
주름진 손은 어디에도 보이지 않는다
눈을 감고 지심 매던 손을 잡는다

2.
기림사 주차장 모퉁이에
도라지 향을 묶어놓은 노파
보따리 풀어 난전을 펼친다
주름진 손등은 비바람이
파 놓은 실개천일까
비바람 맞고 살아온 나날들
손톱 안 검은 흙에 스며든 뿌리가
떨이로 늘어진 오후를 당긴다
동쪽에서 보라색 얼굴 지우고
서쪽으로 팔려 간 두툼한 뿌리가
노파 웃음기로 채운다
노을이 노파의 손을 잡는다

제 3 부

낙타를 찾다

낙타를 찾다

석양이 재 너머 옷을 벗고
여름밤이 열사로 익어간다
고비사막 화면에 들어간다
낙타 등에서 언어를 캔다
사막 사구에서 얼굴 숨기고 있는 금빛 낱말
날 선 키보드로 채굴한다
잔뜩 모아 놓았던 금빛 조각들
화면을 가득 채우려는 순간
창틈으로 찾아온 산모기 한 마리
이마에 앉아 순식간에 흡혈한다
예기치 못한 모기 습격에
낙타 등에 앉아 있던 나는
허공에 솟구쳐 곤두박질이다
헛짚은 손가락이 꺼버린 전원
허공에 모래알로 떼 지어 날아가 버린 새들
목마른 나는
낙타에게 긴급 문자를 보낸다
낙타 발자국이 키보드에 내려앉는다
날아갔던 언어들이 제자리로 돌아온다
허기 채운 백지가 구김살을 편다

사막을 걷는 초침

초침이 사막에서 첫걸음을 뗀다
태양이 모래벌판을 붉게 달군다
갈 길은 모래 위에 흩어진 빈 술잔
속을 비운 몸이 모래바람에 흩날린다
오아시스를 찾아 비지땀과 걷는다
지난날 추억 파편들은
흔적도 없이 어디에서 잠들고 있는지
이젠 비가 내려도 우산이 없다
하늘이 우산인 줄 모르고 걸어온 길
알고는 다시 오고 싶지 않은 길
빈 지게 하나 지고서 바람 부는 사막에 서 있다
떠나버린 사람은 돌아올 수 없는 길
야자수 그늘에서 아픈 응어리를 푼다
바람 우는 소리를 모래 언덕에 앉혀놓고
길 아닌 길을 내려온다
사막 위로 어둠이 내린다
빈 지게가 내려온다
빈 술잔이 손바닥에 앉는다
모래바람이 길을 찾아 헤맨다
태고에서 들려오는 울림이 가슴을 파고든다

오아시스 가는 길

빛이 아침을 연다
낙타는 모래 언덕을 건너기 위해 물을 마신다

'태양이여 부디 사구를 무사히 넘게 하소서
 눈앞을 가로막는 모래알을 잠들게 하소서'

틈이 없는 이 시각
어디로 가야 하나요
모래바람이 길을 지워버렸어요
꿈 찾아 붉은 사막을 떠돌며
갈 곳 잃은 방랑자가 되어 걷고 있어요
하루가 가고, 달이 갈수록
그림자마저 작아지네요

바람이 길을 덮은 사막에서
허둥대고 있는 시방 어디로 가야 하나요

땀 흘리는 선인장이 손짓하는 언덕 너머에도
목 축이는 푸른 샘은 찾을 수가 없어요

사막에 싸늘한 어둠이 내린다
하루를 태우고 제물로 바쳐진 노을
허공에 어둠만 가득 채우고 사라지네요
목마른 낙타는 침을 삼키며
달빛에 발목 씻고 오아시스로 가는 길을
바람에 묻는다

남해도 물건리 노을

독일 마을에 석양이 수평선에 노을을 그린다
어부림이 해안선을 감싸는 몽돌밭 해변에 찾아온 파도
내뿜는 물보라에 몽돌은 각진 몸을 둥글게 깎으며
까만 노을로 성숙해 간다

구름 헤치고 남녘 섬에 발 뻗은 파독 광부
하얀 머리카락에서 푸른 기억들이 싹을 틔운다
폐부에서 쏟아내는 늙은 광부 트럼펫 선율이
노을 깊이 박혀 있는 멍을 녹인다
허공을 울리는 메시지에 멈칫하는 갈매기
지그시 감은 눈썹에 이슬이 맺힌다

먼바다 저편 넘어 갱도 속 파도가 밀려온다
푸른 시절 보릿고개 떠나야만 했던 이국땅
막장에서 검은 땀방울로 얼룩진 시간 뒤로 하고
석양길 간이역에서 북받쳐 오르는 검정빛 땀방울을
붉은 해풍에 태워 보낸다
애간장 녹이는 트럼펫 비가는 먹구름 뚫고
하늘과 바다를 선홍빛으로 물들인다

물든 노을 따라 간호사 아내와 팔짱 끼고 남은 길을 간다
아픈 기억을 삭제하고 파도를 밟는다
서녘을 물끄러미 쳐다본다
석양이 바다에 풍경화를 그린다
어둠이 내리자, 별들이 그림 속으로 뛰어든다

노을 따라

서녘으로 접어든 길은 시작일 뿐 끝이 아니다
쉬지 않고 가고 있을 뿐이다
노을은 헤진 그물 손질을 마치고
갯내가 선착장을 흔드는 하오
해변 미루나무 아래에서 쇠파리에게 뜯기며
낮잠 든 어미 소와 송아지
긴 꼬리 그림자 남기고 돌아오는 외양간으로
내 발자국이 간다

햇살 나 바람 불지 않는 날
언제나 문은 열려 있고
산과 바다, 들판이 일터
입고 먹고 잠자리 걱정 없는
반겨줄 부모님 숨결 머무는 곳
샛별이 내는 길 따라 걷다가
먼동이 트면 새들이 허공에서 풀피리 부는
잃은 것 없이 얻는 것뿐
더 이상 벌판에서 방황하지 않으리
금송 포구*로 가서 닻을 내리리

*경남 남해군 삼동면 금송리에 있는 작은 포구

마늘의 노래

녹색 짙게 화장하는 오월
낯선 어둠 끝 들녘에 눈이 내린다
언 땅 녹이며 마늘이 노래 부른다

캄캄한 섬, 동트는 들판
몰래 찾아온 옥구슬 몸에 안고
햇살 받으며 빛나고 싶다
한 톨에서 한 뿌리로 자란 몸짓으로
노인 이마에 주름을 펴주고 싶다

밭에서 땀 흘리는 노파 등 토닥이며
앵두 빛 붉힌 우물가로 가고 싶다
실핏줄로 흙을 옭아매어
거칠게 흔들어 대는 해풍에도
푸르게 서서 웃음 주고 싶다

휘어진 등을 짊어진 섬사람들
묵정밭에 무거운 짐을
받쳐 주는 지팡이가 된다

비 내리는 풍경

물방울이 낙일랑 폭포에서 뛰어내린다
하얀 비단 감은 원시림 계곡은
비에 젖어 여름을 적신다
가슴은 때 묻지 않은 욕정에 젖는다

층층이 쌓인 바위틈 베틀로 파고든 물방울
가는 실올로 하얀 비단을 뽑아낸다
쏟아지는 소리에 가슴 뚫리니 검은 하늘이 푸르다

티베트 민산산맥 정수리 설보정에서
수억만 년 눈이 얼다 녹다 달려온 물
폭포 벼랑에 검푸른 주름 쌓고
해체되는 시간이 그린 풍경 속으로 뛰어든다

구채구 야생화가 둘러앉아
이마에 옥구슬 이고 얼굴을 붉힌다
마른 손으로 닦아주고 말을 건다

'여신이 나무꾼 불꽃 뛰는 욕정을 피하려고
 짜고 있던 천을 언덕 아래로 던져 길은 없어지고

폭포가 생겨났다.'

먹구름이 숨 가쁘게 움직인다
소나기가 퍼붓는다
여신이 얼굴 숨기고 폭포에서 베를 짠다
비 내리는 낙일랑 폭포

지키지 못한 약속

1.
지난봄 목련 가지와
새끼손가락 걸었다
함박눈 되어 떨어지는 꽃잎과도
눈 맞추었다
겨울 지나고 삼월이 와도
우듬지에 움을 틔우지 않았다

2.
도솔천에서 만나자던 맹세
푸른 머리카락 날리며
제 이름 밝히고 선 비석
묘지 앞에서 호명해 봐도
한 발짝도 떼지 않는다

3.
황산 서해 대협곡 운해 속으로
연리지 얽힌 가지에 던져버린 자물쇠
자물통 부수고 구름에 올라가
홀연히 무지개로 가버린 연인

4.
봄에 오겠다며 떠난 도요새 한 마리
겨울 지나고 산다화 피어도
을숙도에 얼굴 내밀지 않는다
기다리던 갯벌이 북녘 하늘 바라본다

망미동

십 년 고개를 넘던 망미동은 입던 옷처럼 편하고
차가운 몸이 데워지고
추운 날 이마에 꽃이 핀다

가슴이 멍들 때마다
발걸음이 길을 잃을 때마다
오솔길에 닻을 내린 늙은 소나무는
가지를 뻗어 푸른 지팡이가 된다
동공에 박힌 여름밤 하늘에
빛나는 직녀 별자리를 앉히고
내 눈은 한 치도 그 자리를 벗어나지 못한다

금련산 자락 찻집에서 나는
짊어진 배낭을 벗어 던지고
텅 빈 망미동 자투리에
소나무 연리지를 심는다

달빛 스며든 솔잎들은
잠들지 못하는 별을 다독거리고
허기진 잠은 커피를 부른다

남섬에서

나는 남섬에 닻을 내린다
굳은 얼굴로 눈을 감고 북섬을 바라본다

북섬은 찬 바람 불고 어둡다
햇볕 드는 풍경을 기다린다

눈앞에 밀퍼드 사운드가 풍광을 펼친다
피오르드는 짙은 안개비로 신비를 숨긴다

고목에서 떨어져 나간 살점엔 이끼가
마오리 수레바퀴 상처를 덮고
상처 뚫고 올라온 풍란은
틈새를 비집고 나와
원시림 화분에 앉아 꽃을 피운다

물개는 카메라 속에서도 남섬을 껴안는다
숨기고 싶은 말들은 해저에 묻어놓고
그곳을 알려주지 않는다

눈을 뜨면 피오르랜드 하늘 표정을 살핀다

세일 책방

보수동 책방 골목 계단을 오른다
책을 대폭 세일하고 있었다
텅 빈 거리에는
책이 풀어놓은 옥빛이
그늘진 어둠을 걷어낸다

서가에 등을 보인 시집 코너에서
눈 뜬 『하늘과 바람과 별과 시』를 만났다

별 헤는 밤에 들녘을 걷는다
아해들이 어둠이 깃든 벌판에서
별을 헤아리고 있다

몸값 낮추어 눈 맞추고
푸른 낱말로 이름 내밀어 보지만
날 멀리하는 눈빛 안개 속이다

책 땀방울이 등줄기 타고 흘러내리는
눈빛 오가는 메마른 골목
스산한 가을비가 적신다

먹이사슬

하늘에 높은 점 하나
흰꼬리솔개 한 마리
굴참나무 아래
꼬리 흔들며 도토리 줍고 있는
다람쥐를 겨냥한다

먹이에만 열중하다
하늘을 살피지 못하고
땅만 보고 있을 때
입맛을 다시며 내리꽂듯이 하강한
솔개에 짓눌려 먹이가 된다

허기를 채운 솔개
비상을 위해 날개와 발톱을
바위에 비비며 충전한다

날개

 1.
날개는
허공을 펼 수 있지만
접은 날개는
입맞춤으로 꽃을 맺게 한다

 2.
날개와 날개 사이에
허공과 꽃이 있다
나는 그 사이를
오가며 연인을 만난다

 3.
나에게는 날개가 없다
하늘을 난다
발아래 이동하는 양 떼
노을이 목장에 불을 지른다

 4.
단풍잎 하나

돌개바람에 산등성이를 넘는다
바람이 날개다

5.
꽃과 노닐고 이슬 머금고 사는 산제비나비
일곱 개 붉은 점무늬 날개 실은 모습 부셔라
천상의 빛깔로
야생화 침묵의 금가루가
허공에 뿌려진다

불면인 사랑

나이테가 백골로 펄럭이는 밤
겨울비에 젖는다
어둠은 능선 타고 와
불빛 창을 지운다

초대하지 않은 불면은 얼굴 돌리고
잠자던 일기장 한 페이지를 들추어 깨운다

시계는 바람으로 돌아가
응어리진 가슴에 박힌 화살 하나 빼낸다

상처 난 몸을 지팡이로 일으켜 세우고
끊어진 서녘길 더듬어 간다

제자리로 돌아오자
별 하나 빛을 잃는다
내려놓지 못한 허공에 별빛 연서가
큐피드에 짓눌려
어둠 가운데서 허우적거린다

봄 손맛

동박새 외출한 오정 장산 꼬리
목마른 봄이 비를 따라나선다
비에 취한 울 넘어 진달래
술 먹은 얼굴이다
물소리 흐르는 배가
붉은 파도로 출렁인다
다시물에 묵은지와 꽁치를 넣고 끓였는데
감칠맛이 나지 않는다
무엇을 넣지 않았을까
눈을 감고 헤아려 보니
그 여인 손맛이 은하로 떠났네

선착장 간이역에서

날리는 머리카락 향기 속에
떠나는 발자국이 있다
입대하는 아들 보내는 어머니
계선주에 걸음 묶어 놓고 눈을 떼지 못한다
떠나는 아들 두고 안쓰러워
돌아서지 못하는 발걸음

"발자국 지워진 길에 그림자는 남겨 두어야지
 우쨋든지 몸 잘 챙겨 돌아오거래"

마른 눈물이 뱃머리를 적신다
갑판에 앉아 있던 괭이갈매기 글썽이며
뱃고동을 울린다

노을 내려앉은 선착장
홀로 남아 파도를 껴안고
돌아올 사람을 기다린다

어머니가 밟고 간 발자국 따라
어둠 내린 간이역을 찾아간다

붕어빵

푸른 파라솔이 길모퉁이에 펼쳐진다
우동천 산자락 그늘 데리고 오는 길
노점상 할머니가 아침 햇살 데리고 온다
주름진 손등 팥에 밀가루옷을 입혀
노란 붕어를 낳고
신문 봉지는 어항이다
손님이 다가서면 붕어가 꼬리를 흔들며
내밀한 웃음을 던진다
물 머금은 모퉁이 벽에는
검버섯이 장미꽃으로 피어 있다
오가는 발자국들이 흔적을 남기고
달콤한 냄새가 골목을 누비면
얼룩진 운동화가 끈을 조이고
물결치는 두 손이 빨라진다
몸 부푼 붕어가 눈웃음치면
언 가슴이 녹는다

묵은 삽

유년 시절 초여름 밤 폭우가
물동이를 이고 찾아왔다
아버지는 묵은 삽을 메고
논으로 발걸음을 옮겼다
도랑가 언덕 한쪽이 내려앉아
어린 벼들이 뿌리째 뽑힌 채
홍수 진 논에서 허둥대고 있었다
구멍 난 지붕을 쳐다보며
헛기침만 뱉었다
기침 속내를 읽은 개구리가 슬프게 울었다
속이 타들어 가도
가슴에 경전을 넣고 있는지
허공에 등 세우고 흔들리지 않았다
안간힘으로 버티다 떨어져 나간 논바닥 살점과
쓰러진 벼를 안타깝게 보았다
나는 그 눈빛을 읽지 못했다
아버지 어깨에 매달린 육 남매를
그림자처럼 따라다니던
묵은 삽은 알고 있을까

하롱베이 교향곡

바다였던 수석 전시장
하롱베이가 포승줄 풀고
서로 다른 얼굴로 여행객을 맞이한다
하늘이 빠진 쪽빛 바다 잔물결은
일상에서 벗어나 햇볕에 엉글어
일렁이는 에메랄드로 빛난다

바위틈에 뿌리내린 나무
섬과 한 몸 되어 천년 끈을 맺고
하늘 꽃 피우며 산다
빠르게 느리게 아랫도리에 부딪히는 파도는
화폭에다 풍경을 그려 넣고

유람선 뱃머리 건반을 두드리며 악보를 오르내린다
바다에 울려 퍼지는 교향곡
사람들은 선상 오케스트라로 들어가
카메라 렌즈를 덮고
등짐을 내려놓은 채
하롱베이와 한 몸이 된다

지족 나루터

밤이 날개를 접으면
여명이 나루터에 앉는다
섬 집 마을에서 새어 나온 불빛이 골목을 밝힌다
나룻배 한쪽에서 시금치가 몸 추스른다고
주름진 손이 날개를 단다
바다 건너 새벽 장 가는 할머니 가슴은
파도를 타고 설렘으로 일렁인다

사공이 건너편 뱃머리를 당긴다
허리를 동여맨 시금치 다발이
파도 등을 타고 귀엣말 주고받다가
장터로 발걸음 옮겨 얼굴 내민다
아낙들이 숨 쉬고 있는 푸른 잎들을 안는다
한 다발 떨이로 자리를 비우자
아침에 묶인 할머니는 풀려난다

할머니는 가득 찬 줌치에 허기진 배를 채우고
나룻배에 앉아 눈을 감는다
지친 몸에서 꿈틀거리는 멍을 갯바람에 날리는 순간
손에 주름이 펴진다

서울 막내딸이 비단 옷고름 물고 얼굴 내민다
무지개가 뱃길을 그리며
양쪽 나루터에 놓인다

어머니의 베틀 소리

헛간에 땀방울 마른 낡은 베틀 속에
어머니가 산다
낮밤 없이 '터거덕' 베 짜는 소리 들린다
땀 흘리며 마신 물바가지엔
삼베가 흘린 땀방울 얼룩이
홀로 시침 머금고 베틀을 지키고 있다
가을 달빛 속으로 사라진 어머니는
아직도 베를 짜고 있을까
잉앗대와 속대 사이로 북이 오가며

"올 때도 홀로, 갈 때도 홀로
 어둠이 찾아오기 전 안식처를 찾아야 한다."

무릎, 어깨에 사는 통증 다독이며
집 떠난 자식들 그리움을 삼베 올에 묻었던 어머니
헛간 방에 땀 흘리며 불사조로 앉아 있다
베 짜는 '터거덕' 땀방울이 내 눈썹에
이슬 꽃으로 피어난다

제 4 부

개미누에의 푸른 멀미

개미누에의 푸른 멀미

누에가 자는 헛간 방
2단 침실이 'ㄷ'자로 놓여 있다
상수리 나뭇가지가 개미누에 침대다
침대에 놓인 뽕잎이 푸른 배로 가득하다
애벌레 몸을 벗어나려고
밤낮 뽕잎을 갉아 먹으며 키를 세운다
오령* 말기에 금식하고 고치를 짓는다
눈을 뜨고 보면 개미누에가 걸어 온
천오백 미터 발자국이 보인다
(나뭇가지에 묻은 똥)
눈에 아른거리는 잠이 걸어 온 그림자

나방으로 날지 못한 번데기
달구진 솥뚜껑이 부를 소리에
오금 저리고 있을 때
춘추 말기 항주 서호 저잣거리에 비단옷 입은
서시西施에 홀려
그녀 어깨에 살포시 앉는다

*누에가 네 번째 잠을 잔 뒤부터 섶에 올릴 때까지의 사이

고욤나무꽃 · 2

뫼에 가는 길 산새 울음 골짜기를 깨운다
유월 치맛자락에 둘러싸여
옹달샘 지키는 고욤나무
가지마다 아이 새끼손톱만 한 자줏빛 종을 달고
불 켠 채 웃고 있다

산 이마에서 내려온 푸른 햇살 머금고
샘터 돌담에 쌓이며 피어나는 꽃
꼴 베러 온 아이, 감꽃 엮어 목걸이 걸고
까까머리에 앞니 빠진 동무들을 기다린다
떨어진 감꽃을 입술에 깨문다
눈을 감고 바람을 깊이 들인다
유년이 골짜기에서 살아난다

내 머리카락에 꽃이 핀다
달콤한 유월 바람은
혀끝을 적시고 목젖으로 넘어간다
꼴 베던 아이들 이마에 땀방울은
푸른색 물든 손금 타고
옹달샘으로 흘러간다

적소謫所

독거노인 아파트는 적소謫所다
이웃은 벽으로 막혀 말이 트이지 않는다
복도 센서등은 발길 사라지면 어둠을 켠다
발자국은 그림자도 남기지 않는다

까마귀가 음식 수거용 통을 뒤진다
심한 악취가 입맛을 당기자
허기진 눈동자에 광채가 인다
저녁이 냄새로 썩어가자
충혈된 동공은 실핏줄에 점령된다
내다 버린 음식물로 배를 채우고
달빛 물고 둥지로 날아간다

까마귀 어둠 머금은 허공은 소리 없는
바람을 부르고 날개가 바닥을 드러낸 밤은
초승달 빛에 누에잠을 잔다

가슴 찌르던 상흔이 달빛에 얼룩진다
유배지 상처를 도려내고 새살을 심는다
새로운 지층이 쌓이는 독거

상생하는 못

한 자리에 늙은 솔은 박힌 못이다
언덕은 뿌리내리도록 제 살 내어주고
뿌리는 호우에 흙을 움켜쥐고
평생 언덕을 지킨다

달은 하늘을 오가는 둥근 못
우주가 뿌리다
수억 광년 어둠을 밝히며
음력이란 달력을 넘긴다

물방울은 바위를 뚫는 못
작은 소리로 틈을 파고들어
흙을 채우고 나무를 자라게 한다
앙다문 바위와 말동무가 된다

소나무, 달, 물방울 모두는 고운 못을 가졌다
사람 사이에 상처를 주는 혀는 못을 가졌다
가슴 멍들게 던진 한마디 말은
평생 뽑을 수 없다

금송리 징검다리

노을 내린 개울에 엎드린 디딤돌
검푸른 등을 열고 발을 기다린다
떠나버린 목소리 머금은 봄비가
깊게 파인 주름을 파고든다
한 방울 떨어질 때마다 밟고 간 이름
호명하고 있을 때
개나리가 밝은 웃음을 보낸다
굽이진 개울 지나 걸음 멈춘 징검다리
끊어진 걸음과 말을 이어준다
흐르는 몸을 물에 담근 시간은
물살에 젖어 살점 떨어진 채로
오가는 이에게 마른 신발이 된다
짐 진 노인이 징검돌을 건넌다
지팡이로 다리를 재는 노인 등줄기에
식은땀이 소금꽃으로 핀다
남긴 발자국이 그림자로 남고
상처 난 돌은 이끼를 두른다

렌즈를 갈아 끼우고

티끌 닦아낸 창이 눈을 뜬다
성에 낀 창 들꽃 얼굴을 보지 못한다
꽃은 속내까지 드러내어 보여 주지만
그 몸짓 읽지 못한다
멈춰 선 낡은 틀에 갇혀
화폭에 전하는 바람과 물이
유리창을 넘어가 보지 못하고
눈에 비친 그림자만 그리고 있다

고정된 틀을 벗어 버린다
창으로 내다보는 들꽃
풍경으로 깊이 들어가
눈꺼풀에 굳어진 먹구름을 걷어낸다
얼룩진 창에 굴절된 빛을 솎아낸다
한쪽으로 기울어지지 않고 속을 달리는 빛

렌즈 갈아 끼운 안경이 덮개를 열자
흰 구름 한 마리 호수 거울에서
여름을 싣고 푸른 깃발 나부끼며
피안으로 가는 나루터에서 노를 젓는다

어머니가 두고 간 호미

유년 시절 어머니를 만난다
송아지 울음이 마실 아침을 깨우고
청마루 옷걸이에 헤진
어머니 꽃무늬 바지가 걸려 있다

바지 주머니에 호미를 넣고 살았던 그녀
마당 멍석에 콩을 말리다가
땀방울 마르기도 전에
밭으로 가서 잡초를 뽑는다
밭이랑 떠나 도시로 간 자식들 보고픔을
잡초 뽑은 자리에 깊게 심는다

무릎 통증 다독이며 흘린 땀방울
먹고 자랐던 어린 시절, 되돌아갈 수 없는 시간
호미 한 자루 남기고 간 어둠 내린 빈집에

앞산 소쩍새가 적요를 깨뜨리고
하얗게 울던 가을밤
별빛 타고 오신 어머니
"우째던지 아프지 말 거래"

숨을 쉴 수 없어 꿈을 깬다

막힌 가슴은 언제 물결 삼킨 밀물 진 바다가 될까
별빛으로 들어가
어머니가 두고 간 호미를 찾는다

낙타 눈물

낙타는 사막을 밝히는 빛이다
바람이 거쳐 가는 고비사막
쉬지 않고 움직이는 이빨이 살아남는다

하늘과 맞닿은 몽골고원
지킴이는 두 능선을 진 낙타다
밀려오고 밀리는 바얀 고비 폭풍
모래가 바람에 끌려가면서 내는 신음은 귀곡성이다
바람이 숨을 멈추는 순간
살아 있는 것들은 강물을 돌린다

사막에 지친 어미 낙타, 새끼에게 젖을 주지 않고
몸을 뒤틀며 밀어낸다
주인은 보다 못해 젖병을 물리고
어미 낙타를 달래려 마두금*을 연주한다
두 줄 선율이 메마른 어미 가슴에
단비를 뿌려 젖을 물리게 한다

어둠 내린 사막에 별들이 쏟아진다
쏟아진 별빛이 고여 오아시스가 된다

바람이 어둠에 젖은 모래를 깨운다
낙타 노래 실은 마두금이
허공으로 날아가며 눈물 뿌린다

*마두금 : 몽골의 두 개의 현을 가진 찰현악기로, 머리 부분에 말 머리 장식이 있다.

풀은 말한다

바람 맞으며 산다
비 맞으며 산다
뼈로 서 있다가 살로 눕는다
어둠으로 누웠다 햇살로 일어선다
옥구슬이 흐르도록 몸을 내어준다
씨앗을 바람에 실어
쓰러진 고목에 심는다
꽃 피우고 열매 맺으며 계절을 바꾼다
바람과 비를 안고 산다

창포꽃 필 때

노란 꽃이 손 내미는 유월 장산 아침
소리샘 늪에 모여 사는 노랑꽃창포 마을
웃음으로 발걸음을 옮긴다
늪이 눈 안에 차오르자
가녀린 꽃봉오리들이 온몸을 흔든다
눈과 눈이 마주치는 순간
움츠리고 있던 목을 곧추세우고
한 잎 한 잎 문을 연다
묵언으로 꽃 피우는 창포
십 분도 안 되어 화폭을 가득 채우고
노랑나비가 꽃대 끝에 앉아 소곤거린다
새 봉오리가 태어난다
순간 숨을 멈춘 채 지켜본다
언 늪을 뚫고 환하게 웃는 창포
녹슨 허공에서 벗어나
등산객 얼굴 파인 주름에
환한 살을 채워 준다

바이칼 무속巫俗 산책

알혼섬은 바이칼 호수 심장이다
후지르 마을 입구에 장승이 반긴다
시간 따라 풍경도 눈빛이 변한다
서낭당 오색 깃발(방천)이 펄럭이고
몽골 부랴트족 죽은 무당이 곳곳을 다닌다
기도발이 눈에 보이는 샤먼 바위를 지키는
열세 개 세르게이*에 사람들이 몰려든다
몽골 유목민 향기가 코안으로 스며들고
바이칼 갈매기 떼가 허공에서 노를 젓는다
노을이 파문을 일으키며 호수를 달려가다가
알혼섬 샤먼 바위에서 잠시 멈추고 사라진다
노을은 알았을까
테무친이 살아남기 위해 은신했던 어린 시절
함께 피신했던 어머니 자궁이라는 것을
마지막 숨 내쉬며 백마 타고 바이칼을 건너
부르칸 바위 동굴 속으로 들어간 칭기즈칸
아직도 눈에는 불이 꺼지지 않고
이마 빛으로 동굴을 밝히고 있다

*샤먼 기둥이라고도 하며 하늘 신의 13명의 아들을 의미한다.

파도와 언어

파도에 언어가 앉자
바람 불어 바다가 된다

파도는
언어를 심으려 먼 길 돌아
섬에 닿았지만
해벽에 부딪혀 물거품으로
자음과 모음이 갈라져 버린다

내 푸른 언어는
수평선에서 밀려오는 파도에 떠밀려
해안 모래성에 닿아
낯선 여행 꿈꾸어도

격랑에 떠밀려 오는 또 다른 언어는
하늘과 바닥을 오르내리며
물고기를 찾아 자맥질하는
한 마리 괭이갈매기다

절정

1.
산기슭 호수에 노을이 담긴다
어둠이 숨죽인다
귓속으로 걸어오는 바람 소리
서녘 햇살이 불화살 쏘며 수면을 태운다
침묵을 머금고 있던 호수가
붉은 아우성을 뿜는다
호수에 하루를 묻은 노을 눈을 감는다

2.
그림자 없는 모하비아 사막
비는 잠을 깨우지 못한다
목마른 조슈비아는
모래알이 흘린 땀을 머금고
사막에 홀로 서 있다
인디언 휘파람으로 둘러싸인 붉은 바위산
뜨거운 햇살에 찔려
선혈로 피어난 꽃
길 잃은 나침판이 된다

노을 바다

노을이 바다 피를 삼킨다
출렁이는 피는 모래성을 허물고 쌓기를 거듭한다
무너지는 모래알은 태초가 남긴 시간 파편이다
겨울새 날지 않는 검은 바다엔
어둠을 위해 몸을 태우는 석양이 있다
겨울비 일기예보에 해송이 환해진다
어둠이 찾아들자
곰보 자국 내는 겨울비가 찾아온다
타는 목으로 삼키자
잠든 소나무가 기지개를 켠다
갈증에서 벗어나는 노을 잠든 바닷가
홀로 어두운 바다를 묶어둔 녹슨 닻
돌아오지 않는 청둥오리를 기다린다
별 무리가 흘려가며 어둠을 밝힌다
파도는 토막 난 하얀 거품으로 백사장을 채우고
어둠 깃든 바다를 선착장으로 밀어 올린다

눈물 젖은 노래

그대 위해 노래하던 새
먼 길 떠난 발걸음 되돌리지 못한다

가지에 능금 하나 삭풍에 떨어져
겨울새와 만나지 못한다

허공을 때리는 칼바람에
맨발로 서 있는 그대는
내 가슴에 빙벽을 세운다

다시 들을 수 없는 가슴 저미는 노래
눈물 자르는 눈꺼풀이 다독이는
산촌 외딴집 뒤란
홍매화 가지에 앉아 노래하던 휘파람새는
먼 길 돌아 귀소했을까

헤진 등산화 끈을 조인다
눈물은 발바닥에 워낭 소리를 달고 달린다
달빛 머금은 바람이
허공에서 눈물 젖은 노래를 토한다

노을 속 단풍잎

입동 강물에 노을이 비단을 펼친다
어둠 내리는 나루터 나뭇가지에
몸을 맡기고 있는 단풍잎 하나
홀로 남아 걸어 온 시간으로 돌아간다
물집 터진 이파리들은 얼마나 따가웠을까
빨갛게 탄 잎새 하나
십일월을 떠나는 일만 남았다
소슬바람에 동아줄 하나 걸어 놓고
석류 터지는 소리를 듣는다
먼발치서 들려오는 눈발 날갯소리에 줄을 놓는다
떠남을 아파하지 말자
헤어짐이 만남인 것을
가슴 열어젖힌 노을 속으로 들어가
얼룩진 눈물 자국 말리고
먼 길 돌아올 나무를 기다린다

죽방렴 멸치를 뜨다

숨 쉬던 은빛 물결이 건어물점에서 굳어진다

강진만에서 손도 해협으로 향하다
죽방렴 발통에 빠져 헤어나지 못한
어부가 내민 그물 쪽자가 그를 바다와
갈라놓았다

발 막사 끓는 가마솥으로 옮겨져
갯바람과 햇볕에 몸을 말린
상자 속 뼈대 있게 굳은 은빛 비늘

한 줌 꺼내어 바다 담은 솥 안에 풀어 놓는다
거센 풍랑이 인다
굳은 멸치가 부활한다
함께 들어갔던 춤추는 다시마가
되살아나 푸른 천을 펴고 리듬을 탄다
다시마 사이로 멸치가 얼굴 내밀고
파도를 마시며 길을 만든다

솥 안은 손도 해협을 걸러낸 금송 바다다

멸치가 흘린 눈물이 파도로 출렁인다
굳은 몸에서 피가 돌고 지느러미가 노를 젓는다

소용돌이치는 물결이
한때 감금되었던 죽방렴 발통을 부수고
노을에 기대선 어부 쪽자 그물을 일으킨다

서리꽃 사랑

할아버지와 손잡고
유자나무에 눈 맞추던 할머니는
혼자 노을 타고 먼 길 떠났다
실개천 껴안은 초가집
할아버지와 유자나무가 동거하는 뒤란에
첫눈이 소리 없이 찾아온다
유자 덩치를 키우기 위해 땀 흘리던 잎들도
여름과 함께 떠났다

피안에 있을 가슴에 지우지 못한 이름 하나가
가슴 열고 얼굴을 내민다
할아버지가 지그시 눈을 감는다
칠흑으로 찬 동공에 허기가 진다
눈보라가 피우지 못한 꽃봉오리
움츠렸던 눈물이 서리꽃으로 핀다

나무에서 허공 깨물고 있다가
땅에 떨어진 노란 보름달도 차고
가지 끝에 매달려 할머니 기다리는
주름투성이 유자도 차다

삭풍에 눈 감은 물상은 함께 얼음이다

마트료시카 인형

러시아 아브람체보 마을에서
사바 마몬토프가
1900년생 마트료시카를 낳는다

사라핀 원피스를 입고
머리에 스카프를 맨 상기된 여인
볼록한 뱃속에는
파란 눈을 가진 아홉 아이가 산다
아이들 체온이
모스크바 삼월 아침을 녹인다

시간이 자라
뱃속을 열고
언니가 나오고
다음에 둘째가 나오고
동생이 나오고…
막내는 강보에 싸인 아기로 나온다
아이들은 꽃이 되어
행인들 이마에 그늘진 역마살을 펴 준다

마르뇨나를 닮은 아이들이 어둠을 밀치고
빛을 찾아 거리로 뛰쳐나온다
파란 눈빛이 햇살을 불러 모은다
소녀들은 닫힌 문을 열고
새로운 빛을 뿌려 준다

황산 바람

서해대협곡은 산수화 전시장이다
쓰러진 고목에 시간이 멈추어 있다
깊게 살점 떨어져 나간 능선 소나무에
이끼가 세 들어 산다
바람은 협곡에서
구름이 숨기고 있던 수만 개 날 선 봉우리에 걸린
내 동공에 장막을 걷어낸다
서로 다른 풍경으로 다가오는
백색 바다에 떠 있는 바위섬들
비바람이 수억 년 땀 흘리며 빚어낸
흉내 낼 수 없는 조각품이다
칼끝 바위에 서 있는 나이 잊은 소나무가
황산을 읽고 있을 때
바람은 내 가슴에 화폭을 펼치고
구름을 바위 허리에 묶는다
산은 뿌리 찾아 햇빛 밀어내고
일억 년 나이테가 잠든 양지해*를 흔들어 깨운다

*1억 년 중생대의 지각운동과 잇따른 융기 작용을 거치면서 양지해가 사라지고 이곳에 황산이 생성되었다고 함.

떠나버린 것들

그대를 위하여
붉은 눈물 꽃 피우던 연인은
저쪽 언덕 너머로 갔다

겨울 푸른 하늘에
찬바람 마시고 알몸 된 사과나무
익은 사과를 위해 숱한 꽃들도
땅속으로 떠났다

떠나 버린 그대도 차고 사과도 차다
눈을 감는 물상들은 모두
하나 같이 얼음이다

피안의 마을에 살고 있는 그대를 위해
흙의 가슴에 입술을 대고
누가 눈가에 서리꽃을 피울까

□해설
박제된 시간을 찾아서

강영환(시인)

 요즘 현대시라고 발표되는 시는 어렵다. 어려움은 독자들만이 느끼는 감정은 아니다. 그것은 시인들에게조차 이해하기 어려운 시라는 것이다. 독자들로서는 시인의 시적 확장을 따라가기가 힘든 것은 당연하다고 느낀다. 그래서 시를 외면하게 되는 원인이다. 시가 어렵다고 느끼는 일은 어제 오늘이 아니다. 나의 경험칙에 따르면 1930년대 이상의 시들이 발표되었을 때도 어렵다고들 하였다. 1960년대에도 현대시 동인들이 지적 우위를 내세웠던 시 세계가 어렵다고 아우성을 쳤고 1980년대 포스트모더니즘이 확산될 때도 어렵다고들 했으며 1990년대 해체시가 시단에 모습을 나타냈을 때도 어렵다고 했다. 2000년대에 들어서는 시인의 개인적인 은유와 상징이 시에 자리 잡으면서 나타난 몽환의 시, 가상 현실의 시들에도 어렵다고들 했다. 이렇듯 시가 어렵지 않다고 느껴진 시대는 없었고 이는 앞으로도 그럴 가능성이 많다는 것이다. 시는 논리적인 접근보다는 정감적인 접근으로 이뤄지는 표현이기에 시를 이해하기 위한 방법도 다양하다. 시를 이해하기 위한 논리적 접근보다는 느낌으로 시를 만나야 하는 것이 시를 이해하는 좋은 방법론 중 하나다. 느낌으로 만나는 방법에는 정답이 없다. 사람마다 그 느낌은 다를 수 있기 때문이다. 시가 가진 본질이 새로움의 추구이고 새로운 세계의 탐구이다 보니 자연적으로 낯선 것으로의 도피가 이루어진다. 그러다 보면 독자들로서는 시인의 심리 공간을 이해하기에는 버거울 것이다. 시를 어렵게 하는 것이 아니라 시는 시 스스로 난해하다는 당위성을 품고 있기 때문이다. 독자와 타협하는 시, 독자를 위한 쉬운 시는 없다. 시인은 독자와 타협하기를 거부한다. 시인은 독자를 생각하지 않아야 시가 산다는 것을 알고 있다. 시가 난해하다고 불평을 쏟아내는 이들에게 말해 주고 싶은 것은 시의 본질에 대한 이해를 촉구함으로써 독자들이 느끼는 난해성에 대한 합당한 이해를 일러주는 셈이다. 현대 시의 난해성에는 시적 의미의 확장성에 기대어 추구하는 시 세계가 시인의 개별적 은유나 상징에 의한 불가시 세계에 대한 탐구 혹은 탐색에 의해 야기되는 낯선 체험들이 시에 담겨짐으로 해서 더욱더 난해해져 가고 있음이다. 그동안 인지해 오던 시는 오감에 의해 획득 되어진 가시적 세계를 뛰어넘지 못하였다. 그러나 지금의 시는 오감이 닿지 못하는 몽환, 환상, 꿈, 가상 현실 등을 탐색함으로써 경험이 제한적일 수밖에 없는 독자들로서는 시인이 가진 개별적 은유나 상상력에 도달하기에 힘들고 어려울 수밖에 없다. 이런 현상은 앞으로도 계속 이어지리라 본다. 새롭고 낯선 세계를 추구하는 것이 시의 본질이기에 시인은 늘 현실도피를 통해 새로운 세계로의 진입을 시도할 것이다.

그렇다고 난해 시가 다 좋은 시가 되거나 훌륭한 시는 아니다. 시는 인간의 본질적 의문에 답하는 내용으로 공감대를 만들어 감동을 주는 작품이 좋은 작품이라고 묵시적으로 통용되어 왔다. 난해 시냐 아니냐의 문제는 시인이 추구하는 시의 영역이 다름에 국한될 뿐이라는 것이다. 난해한 모습도 표현의 한 방법일 뿐 난해성이 좋은 작품의 기준이 될 수는 없다. 쉽게 읽혀지는 작품이 좋은 작품일 수 있다. 쉽게 읽혀진다는 것은 시가 갖는 의미의 전달이 잘 이루어져 쉽게 공감을 하게 되는 작품이다. 오늘날 사회가 복잡해지고 있기에 시가 표현해야 할 의미의 폭이 광대하고 깊이도 일반의 독자들이 따라가기에는 너무 심오해져 버린 것이 아닌가 한다. 쉽게 표현해낸 우리 삶의 의미들이 많은 공감을 얻고 감동을 줄 수 있다. 이런 공감을 주는 이채우 시인의 작품 한 편을 먼저 들추어 본다.

동박새 외출한 오정 장산 꼬리

목마른 봄이 비를 따라나선다
비에 취한 울 넘어 진달래
술 먹은 얼굴이다
물소리 흐르는 배가
붉은 파도로 출렁인다
다시물에 묵은지와 꽁치를 넣고 끓였는데
감칠맛이 나지 않는다
무엇을 넣지 않았을까
눈을 감고 헤아려 보니
그 여인 손맛이 은하로 떠났네

—「봄 손맛」 전문

 이 작품은 특별하게 설명이 필요없는 작품으로 쉽게 이해된다. 난해 시와는 멀리 떨어져 있는 작품이다. 내용은 장산에 사는 동박새는 정오가 되면 외출을 한다. 장산에 자주 오르다 보면 그것을 알게 되고 시적 화자는 정오쯤 장산에 등반을 간다. 장산에는 봄비가 내린다. 비에 젖은 장산이 갈증을 해소한다. 비에 젖은 진달래가 더욱 붉어져 술에 취한 얼굴을 한다. 갑자기 화자는 배가 고파져서 쪼르륵거리며 물소리를 낸다. 허기는 붉은 파도가 되어 뱃속에서 요동친다. 붉다는 의미는 진달래의 얼굴을 보다가 배고픔을 느꼈기 때문이다. 집에 돌아와 혼자 국수를 말아먹기 위하여 다시 물을 끓이는데 묵은지와 꽁치를 넣었는데도 예전에 먹던 감칠맛이 나지 않는다. 무엇이 빠졌는지 생각해 봐도 알 수가 없다. 다시 눈을 감고 이것저것 따져보니 그 여인의 손맛이 담겨 있지 않아서인 것을 발견한다. 예전에는 아내가 다시물을 끓여 말아주던 국수의 국물맛에 감칠맛이 났었는데 이제는 별나라로 떠나버린 아내의 손맛을 담을 수가 없어 국물이 감칠맛이 나지 않은 것을 발견한다. 은연중에 아내에 대한 지극한 그리움이 묻어나는 작품이다. 요란하지 않고 담담하게 그려낸 사랑의 질감이 어렵지 않게 잘 묻어나고 있는 가작이다.

이채우 시인의 작품들에서는 난해성이 발견되지 않는다. 우리말의 의미를 짚어낼 수 있는 사람이면 누구나 쉽게 공감할 수 있는 의미들로 시를 구축한다. 그렇다고 가볍게 읽고 넘어갈 그런 형태의 작품들은 아니다. 시인의 작품 속에는 되돌릴 수 없는 시간 개념이 자리잡고 있기 때문이다. 그 시간은 우리가 체험했을 시간들 속에 있다.

호미는 어머니 손이다
손끝은 지심*과 눈 맞춤하면
손등은 아끼지 않고
제 살을 흙에 밀어 넣는다
언제부터인가

손길 잃은 호미가 헛간에
주먹 편 채 누워 있다가
뽑힌 지심 속으로 숨어 갔다

비바람 몰아치는 새벽
싸리문 밖 남새밭에서
어머니 지심 매는 소리가 들린다

문 밀고 나서 보니
온몸에 비를 맞고 서 있는
어머니 손에 익은
때 묻은 호미였다

―「호미」 전문

 호미를 통해 어머니를 추억하는 시다. 호미를 늘 손에 쥐고 사시던 어머니는 호미가 어머니 손이라고 말한다. 손끝 즉 호미 날이 지심(잡풀)과 마주하면 어머니 손은 호미를 흙 속에 밀어 넣는다. 언제부턴가 주인 잃은 호미가 헛간에 누워 있다가 뽑힌 풀더미 속으로 숨어 갔다. 한동안 눈 밖에 난 호미가 되었다. 비바람 몰아치던 날 새벽에 남새밭(텃밭)에서 어머니가 지심(풀) 매는 소리가 들린다. 나가서 보니 온몸에 비를 맞으며 서 있는 것은 어머니가 아니라 어머니 손과 같은 호미다. 호미는 어머니를 대신한 상관물로 인식한다는 것은 살아생전에 손에서 호미를 놓지 않으시고 평생 일만 하신 모습이 느껴졌기 때문이다. 이 상황에서 시적 화자는 시간의 흐름을 인지한다. 어머니를 대신하는 호미는 풀숲에서 비를 맞고 서있는데 함께 지심을 매던 어머니의 손은 부재다. 부재가 가져오는 시간의 흐름이 안타까운 현실로 비를 맞는 호미로 대체된다. 이같이 어떤 사물이 대신한다는 의미에서 보면 삽이 아버지를 대신하는 것으로 쓰여진 작품도 있다.

유년 시절 초여름 밤 폭우가
물동이를 이고 찾아왔다
아버지는 묵은 삽을 메고
논으로 발걸음을 옮겼다
도랑가 언덕 한쪽이 내려앉아
어린 벼들이 뿌리째 뽑힌 채
홍수 진 논에서 허둥대고 있었다
구멍 난 지붕을 쳐다보며
헛기침만 뱉었다
기침 속내를 읽은 개구리가 슬프게 울었다
속이 타들어 가도
가슴에 경전을 넣고 있는지
허공에 등 세우고 흔들리지 않았다
안간힘으로 버티다 떨어져 나간 논바닥 살점과

쓰러진 벼를 안타깝게 보았다
나는 그 눈빛을 읽지 못했다
아버지 어깨에 매달린 육 남매를
그림자처럼 따라다니던
묵은 삽은 알고 있을까

—「묵은 삽」 전문

  호미는 밭일할 때 사용하는 농구이고 삽은 논일할 때 사용하는 농구이다. 밭일은 어머니 전담이고 논일은 아버지 전담이다. 그래서 사용되는 도구인 호미는 어머니를 대신하는 것이고 삽은 아버지를 대신한다. 두 분을 다 여읜 이채우 시인은 호미도 풀더미 속에서 녹이 슬고 삽도 묵어서 사용하지 않고 있다. 삽에 대한 형상화는 아버지 생전에 다루던 삽을 떠올린다.
  초여름 밤에 폭우가 물동이를 쏟아붓듯이 내린다. 아버지는 논이 걱정되어 묵은 삽을 둘러메고 논으로 향한다. 가보니 도랑 한쪽이 무너져 쏟아져 들어온 물에 어린 벼들이 뿌리째 뽑힌 채 홍수진 논에서 허둥대고 있다. 아버지는 뚫린 하늘만 쳐다보며 헛기침만 해댈 뿐 다른 방도를 찾지 못한다. 이때 아버지의 낭패한 기침소리를 알아챈 개구리가 슬프게 울며 위로를 한다. 아버지는 속이 타들어 가도 삶의 경전을 품고 사는지 허공에 등을 세우고 흔들리지 않는다. 쏟아지는 빗줄기에 논바닥 살점은 뜯겨져 나가고 아버지는 쓰러진 벼포기를 바라만 볼 뿐이었다. 화자는 아버지 눈빛을 짐작만 할 뿐 읽지를 못한다. 아버지 어깨에는 육남매가 매달려 그림자처럼 따라 디니는 것을 묵은 삽은 알고 있을까하고 반문한다. 어렵고 힘들었던 아버지 고된 삶을 삽을 통해 형상화해낸 작품이다.

 이처럼 이채우 시인은 흘러간 시간의 의미를 과거 공간에서 찾는다. 그것은 옛 고향의 정서를 드러내 보임으로서 과거 시간의 현재화를 꾀한다.

 〈지붕〉〈고구마 마력〉〈오리나무 햇살〉〈기도하는 멸치〉〈먼길을 가다〉〈남해도 물건리 노을〉〈노을 따라〉〈선착장 간이역에서〉〈마늘의 노래〉〈지족 나룻터〉〈어머니 베틀소리〉〈개미누에의 푸른 멀미〉〈고욤나무꽃〉〈어머니가 두고 간 호미〉〈풀은 말한다〉〈창포꽃 필 때〉〈죽방렴 멸치를 뜨다〉〈서리꽃 사랑〉 등에서 과거 회상적인 작품으로 시간을 되돌려보는 향수를 일으키기에는 부족함이 없어 보인다. 그러나 이채우 시인의 작품의 본질은 흘러간 시간 속에서 사랑하는 이와의 이별에 있다. 함께 살던 이와 사별하여 홀로 남겨진 이의 아픔을 그려낸 작품들이 관심을 끈다.

 발길 끊긴 피아골 억새 지붕에
 반세기 시침이 멈추어 서 있다
 눈보라가 혀를 차게 하는 날

노인은 땔감 찾아 가파른 불무장등을 오른다
나뭇짐을 짊어지고 내려오다
쉼터에서 지게를 세운다

머리카락에 하얀 꽃송이 달고
바삐 어디론가 가파른 길 오르는데
눈이 오솔길을 지우자
지팡이가 사라진 길을 더듬는다
낯익은 길 끝에 앉아 봉분을 껴안자
기역 자 허리가 펴진다

'할멈이 날 여길 데려왔구려
 얼굴 가리고 솜이불 두껍게 덮고 잘 지내는군
 내가 피아골을 떠나지 못하는 건
 해마다 눈 덮인 억새 지붕 올라갈 때
 사다리 잡아주던 그대 따뜻한 손이 남아 있기 때문이네
 천년 약속 술 한 잔 올리니
 따시게 속 데우고 꽃구경하며
 기다리고 있으소'

봉분 억새가 머리 끄덕이며 머물렀던 골짜기
물소리 파편을 하나씩 떨어뜨린다

―「피아골 억새」 전문

눈보라가 치는 날 한 노인이 땔감 나무를 하러 피아골 불무장등에 오른다. 피아골은 구례 지리산에 있는 골짜기다. 노인이 나뭇짐을 지고 내려오다 어느 쉼터에 짐을 내려놓고 가파른 오솔길을 오른다. 눈에 지워진 길은 지팡이를 더듬어 오른다. 낯익은 길 끝에 닿아 마주한 봉분을 껴안자 노인의 구부러진 기억자 허리가 펴지고 그때 혼자 넋두리를 뱉는다. 그 봉분은 사별한 할멈의 묘소다. 할멈이 이끌어 봉분까지 오게 만들었다며 자신이 피아골을 떠나지 못하는 이유로 옛날 억새로 지붕을 이을 때 오르던 사다리를 잡아주던 할멈 손이 아직 피아골에 남아있기 때문이라고 한다. 천년 약속 술 한 잔 올리니 마시고 몸 따습게하여 기다리고 있으면 훗날 내가 가서 만날 테니까 잘 있으라 한다. 그 말을 알아들었다는 듯 봉분에 핀 억새가 고개를 끄덕이고 머물렀던 골짜기에 물소리가 파편으로 흩어진다. 노인과 죽은 할멈이 나누는 생사의 경계를 넘나드는 정분이 넘치는 따뜻한 작품이다. 앞서 인용한 시 **「봄 손맛」**에서처럼 내외간에 나누는 불멸의 사랑을 소재로 하는 작품이다. 사별을 주제로 한 사랑의 모습은 더 있다.

남해 어느 섬마을
길림성에서 온 조선족 총각과 섬 처녀

수평선 눈에 넣고 쪽빛 바다 마시며
갈매기 주례로 결혼한 두 사람
두 해도 안 되어 사내아이 하나 놓고
폐결핵으로 아내는 먼 길 떠났다

돌아올 수 없는 연인 가는 길
산다화 꽃망울 터뜨리고 햇빛 속삭이는 새섬
등에 업힌 아기 울음은 그치지 않는다
파도는 몽돌을 부여잡고 하얀 슬픔을 토하고
먹구름은 섬에 검은 소낙비를 뿌린다

고기잡이로 가슴에 맺힌 멍을 물거품에 씻으며
고깃배에서 보내던 시간
어느새 갑년이 되어 잔치 베풀던 날
눈물 감추던 아버지
아들이 웃음 지으며 꽃다발로 다가와도
며느리가 앳된 웃음 보여도 눈썹에 이슬이 맺힌다

오로지 한 사람 빈 자리가
할멈 떠난 바다다

—「한 사람 빈 자리」 전문

남해 어느 섬마을에 길림성에서 온 조선족 청년과

섬 처녀 사이에 생긴 슬픈 사랑 이야기이다. 슬프다고 해서 못 이뤄진 사랑이 아니라 이루어진 사랑인데 결혼 후 사내아이까지 낳고 2년만에 아내가 폐결핵으로 세상을 떠난다. 아이와 함께 남겨진 남편은 아기를 등에 업고 힘겹게 고기를 잡으며 산다. 그렇게 세월이 지난 뒤 남자는 회갑을 맞이하고 잔치를 하는데 아들과 며느리가 웃음으로 다가와도 떠난 아내를 그리워하며 눈물짓는다. 옆에 남은 빈자리가 아프기 때문이다. 떠난 사람을 못내 그리워하는 내용이다. 함께 살다가 2년 만에 떠난 옆지기가 그립지 않을 수 있을까. 하물며 몇십 년을 함께 동고동락으로 부대끼며 함께해온 옆지기라면 일마다 그립고 또 생각 끝마다 떠올리지 않을 수 없을 터다. 이채우 시인에게는 그렇게 옆의 부재가 일상의 모든 사연을 지배하고 있음을 느낀다.

통도사 자장매에 꽃망울 맺힐 때
꼭 한 번 보고픈 얼굴
부르고 싶은 이름 있습니다

봄이 산봉우리 하얀 베레모를 벗기고
휘파람새가 구름 타고 매화 가지에 앉아
돌아오지 않을 연인을 목 놓아 부를 때
꽃들이 그리움 품고 줄을 잇습니다

시침이 갈라놓은 이별의 무게에 짓눌러
꽃들 웃음을 멀리한 채
병상 일기에 꽂힌 책갈피에서 눈을 떼지 못하고
어둠 속에서 길을 찾지 못할 때
꼭 한번 부르고 싶은 아픈 이름

애오라지
꽃봉오리로 보고픔을 달래고 있을 때
그대는 숲속 그늘이 낸 창을 뚫고
꽃망울 터뜨리며
환한 얼굴로 가지에 맺힙니다

―「홍매화를 보며」 전문

자장매는 양산 통도사 경내에 있다. 자장매가 피면 전국에서 홍매화를 보러 연인들이 짝을 이뤄 몰려든다. 활짝 개화한 이 홍매를 연인과 함께 보면 인연이 맺어진다는 속설이 있기 때문이다. 화자는 꽃이 피었을 때 홀로 꽃 앞에 서서 꼭 보고 싶은 얼굴이 떠오르고 이름을 부르고 싶다. 봄은 산봉우리에 쌓인 눈을 베레모를 벗기듯 녹이고, 새는 가지에 돌아와 먼저 떠난 연인의 이름을 대신 부르며 울어 준다. 그때 홍매화는 줄을 이어 피면서 그리움은 배가된다. 시간이 갈라놓은 이별의 무게가 꽃이 피어도 웃음을 갖지 못한다. 돌아서서 집에 돌아와 병상일지에 꽂혀있는 책갈피에 눈을 떼지 못한다. 그 책갈피 멈춘 자리는 마지막 함께 했던 날이었으리라. 그때 꼭 한번 불러보고 싶은 이름이 떠오른다. 홍매화로 보고 싶은 마음을 달래고 있을 때 그대는 숲 그늘이 덮은 창을 뚫고 꽃망울을 터뜨리며 환한 얼굴로 가지 위애 맺힌 홍매화임을 환상으로 갖게 한다. 이별의 아픔과 그리워하는 마음을 동시에 담고 있는 작품이다. 이뿐 아니다. '남녘 빈집 뒤란에 홀로/집 지키고 서 있는 오디나무/당신이 없어도 당신뿐이다'(「오디나무 햇살」)에서도 곁의 부재에 대한 안타까움과 절실한 그리움을 보여준다. '그대를 위하여/붉은 눈물 꽃 피우던 연인은/저쪽 언덕 너머로 갔다'(「떠나 버린 것들」) 떠나버린 것은 차가운 얼음이다. 얼음은 물이 응고된 것이다. 물은 흐르는 것이 본질이고 그것이 흐르지 않게 되었을 때 그것은 죽음을 의미한다. 이채우 시인의 작품에는 죽음으로 인한 이별이 많이 나타나는 것은 아마도 시인이 겪은 상처에 대한 아픔이 그의 작품들 속에 스며들지 않았을까 한다. 죽음은 시간의 끝이다. 죽음과 관련된 이별을 겪으면서 이채우 시인은 시간의 의미에 접근한다. 그래서인지 간접적으로 시간을 형상화해낸 부분도 많이 나타나지만 직접적으로 접근해간 작품들도 있다.

  현관문 벽시계는 괘종 울리는 것을 잊은지 오래(**폐교**)

  억새 지붕에 반세기시침이 멈추어 서있다(**피아골 억새**)

사라진 모래성이 시계추를 멈추자(정동진 일출)
수억년 숨결이 귓불에 매달리고(눈에 든 구룡연)
널부러져 있는 시간을 불러 본다(여백)
그들의 시간을 간헐천에 묻고 있다(간헐천)
더 가야할 시간이 기다리고 있다(구두의 꿈)
시침이 갈라놓은 이별의 무게에 짓눌려(홍매화를 보며)
꽃잎 떠난 시간에도 벌은 움츠린 날개로 남아(사진 속에서)
초침이 사막에서 첫걸음을 뗀다(사막을 걷는 초침)
틈이 없는 이 시각/어디로 가야하나요(오아시스 가는 길)
시계는 바람으로 되돌아가(불면인 사랑)
홀로 시침 머금고 베틀을 지키고 있다(어머니 베틀소리)
되돌아 갈 수 없는 시간(어머니가 두고 간 호미)
홀로 남아 걸어온 시간으로 되돌아 간다(노을 속 단풍잎)
시간이 자라/뱃속을 열고(마트료시카 인형)

　시간들에 집중하는 작품과 함께 이채우 시인의 이번 시집에는 여행에서 얻은 작품들이 다수가 있다. 여행에서 무엇을 보는가? 단순한 풍경인가 아니면 인간의 삶인가? 시인들 뿐 아니라 일반 독자들도 여행은 즐거움이나 행복감을 가져다 준다. 여행은 삶의 경계를 뛰어넘는 또 다른 삶에의 도전이기에 낯선 체험을 제공해 주고 가슴 두근거리게 한다. 그런 연유로 떠나는 여행은 일상의 탈출이며 현실을 잠시라도 잊게하여 삶에 대한 의미를 되돌아보게 한다. 일상을 벗어난 곳에서

의 새로운 만남들은 흥분을 가져다 준다.

  구름 타고 파도 밟아 건너온 길
  어둠을 깎아 빛을 불러도
  그 시간으로 돌아갈 수 없다

  푸른 숨 쉬다 멎으면 마지막 닿을
  빨간 불 켜져 있을 종착역

  ...중략....

  이젠, 어디론가 길을 떠나자
  물결치는 대로 떠나는 게 아니라
  하얀 목련 꽃잎 열고
  다가오는 파도 속으로

―「여행을 떠나다」 부분

 이 작품은 죽음을 말한다. 살아온 길은 되돌아갈 수 없다. 삶은 구름을 타기도 하고 파도를 밟아 넘기도 했다. 그런 길을 어둠을 깎아 빛을 불러온다 해도 흘러온 시간을 되돌릴 수는 없다. 푸른 숨결이 멎으면 빨간 불이 켜져있는 종착역이다. 그곳에 닿아 한 줌 잿가루로 묻힐 땅이 기다린다. 우리 생은 짧지만 긴 여정이다. 그 길을 오는 동안 스스로의 생각에 빠져 앞에서 손짓하고 가슴이 말하는 소리를 듣지 못하고 지나쳤다. 여행은 종착역을 앞둔 간이역에 서서 뒤를 돌아보니 삶의 굴곡진 모습들이 행렬을 이뤄 다가온다. 울기도 하고 웃기도 했던 삶의 파편들이다. 어떨 때 짜릿하고 울컥했던 감동의 순간도 있었다. 그 순간에 눈을 감고 삶을 되감아 본다. 이젠 어디론가 떠날 채비를 해야한다. 나의 의지대로 갈 수 있는 길이 아니라 가야할 곳은 목련 꽃잎을 열고 가는 곳이거나 아니면 다가오는 파도 속이다. 직접 가보았던 곳이나 간접적으로 얻은 정보이거나 그런 모습으로 시속에 차용되어 의미의 확장을 꾀한다. 그런 곳으로는 '홍콩 리펄스베이' '금강산 구룡연' '뉴질랜드 테푸이아' '캄보디아 타프롬 사원' '경기도 광주 중대물빛호수 공원' '춘천 소양호' '중국 천도호' '캄보디아 씨엠립' '몽골 고비 사막' '티베트 민산산맥 낙일랑 폭포' '중국 황산' '뉴질랜드 남섬' '베트남 하롱베이' '바이칼호' '러시아 아브람 체보' 등지가 시 속에서 시간이 내재된 의미로 새겨진다. 여행 시가 단순한 견문록 수준이면 독자의 공감을 이끌어내지 못한다. 여행 정보 안내를 뛰어 넘어 특정 주제를 천착함으로서 여행의 묘미를 주어야 한다. 이채우 시인에게는 특정 주제가 시간여행이라고 불리어도 좋은 시가 있다. 시간 속에서 존재를 들추어내고 삶과 죽음의 경계를 말한다.

바람 소리에 귀를 기울인다
바람은 허공이 간직한 맥박이다
벗어놓은 시간이 바람 등을 탄다
북극을 향해 날개를 편다
부산이 소실점으로 남는다
북극곰을 만나서 걸음을 멈추고
겨울잠을 잔다

잠에서 깨어난 시계가
해빙 바람 타고 남극으로 간다
추위를 안고 설원에 발 디디고
잠든 대륙을 깨운다
잠에서 잃어버린 시간을 찾아
블리자드*를 마주하며
펭귄을 데리고 빙하를 뒤진다

시간은 결빙된 태허太虛를 뛰어넘는다
우주에 얼굴 숨기고
어둠과 빛을 품고 보이지 않는 블랙홀로
소리 없는 소리를 내지르며
밤낮을 바꾸는
별빛 머금은 얼음 시계다

—「얼음 시계」 전문

  바람은 자연이 운행하는 숨소리다. 화자는 그 숨소리를 피가 뛰는 맥박이라 여긴다. 맥박 소리는 시계가 가는 초침 소리이기도 하다. 그런 시간이 다시 바람의 등을 타고 날개를 펼친다. 시간이 북극으로 간다. 현실 공간이던 출발점인 부산이 소실점으로 남고 북극곰을 만나 겨울잠을 전수받고 겨울잠에도 빠진다. 얼음 공간은 시간이 멈춘 곳이다. 화자는 잠든 겨울에서 깨어나 해빙 바람을 타고 다시 남극으로 간다.

  장자는 북극해에 사는 곤이라는 큰 물고기가 붕새가 되어 남극으로 날아가는 비유가 등장한다. 이는 시간과 공간을 초월해 이뤄지는 상상의 세계다. 이채우 시인의 시간은 남극에 닿아 설원에 발을 딛고 잠든 대륙을 깨운다. 잠에서 잃어버린 시간을 찾아 나선다. 세차게 몰아지는 극지의 바람 속에서 펭귄을 앞세워 빙하를 뒤진다. 블리자드는 남극에서 빙관氷冠으로부터 불어오는 맹렬한 바람이다. 이 작품의 화자는 시간으로 설정되어 있다. 그러기에 공간의 이동이 쉽게 이뤄진다. 부산에서 북극으로 그곳에서 다시 남극으로 쉽게 이동할 수 있다. 그것이 시인의 상상력이 만들어낸 가상공간이다. 시가 지닌 상상력은 가상공간을 얼마든지 만들 수 있다. 시간은 빙하를 뒤져서 숨어있는 태허를 끄집어 낸다. 태허는 시간과 공간이 탄생한 블랙

홀이다. 이렇듯 시간과 공간을 마음껏 넘나들면서 펼치는 세계는 자유롭다. 그리고 경이롭다. 시인이 꿈꾸는 세계이다.

이채우 시인은 오감으로 접근할 수 있는 대상에다 시간 개념을 이입하여 시간의 의미를 찾아 나서는 특별한 공간을 창조한다. 얼음은 멈춰버린 공간이고 거기에 시계가 붙여져 그것은 멈춰 버린 시간을 의미한다. 삶과 죽음의 경계를 이루는 것은 시간이며 그것이 멈춰 선 얼음 공간으로 떠난다. 시인은 시간을 극복하는 방법으로 여행을 꿈꾼다. 여행에서 영원한 시간을 만난다. 태허를 뛰어넘는 시간을 발견한 것이다. 시간 이전의 시간이 얼음 시간이다. 얼음 시간에는 꿈꾸는 별빛이 있다. 시인의 여덟 번째 시집 발간을 축하한다.